STARK in KLASSENARBEITEN

Brüche und Dezimalbrüche

Walter Modschiedler

5.–8. Klasse

ISBN 978-3-86668-812-4

Inhaltsverzeichnis

Fortsetzung nächste Seite

Auf einen Blick!

Inhaltsverzeichnis

Autor: Walter Modschiedler jun.

Vorwort

Liebe Schülerin, lieber Schüler,

Brüche und Dezimalbrüche begleiten dich in deiner **gesamten schulischen Laufbahn** und darüber hinaus. Nicht nur in der Mathematik, sondern auch in Fächern wie Physik oder Wirtschaft musst du wissen, was Bruchzahlen sind und wie du mit ihnen rechnest. Sogar im Alltag werden dir beim Kochen, beim Einkaufen oder beim Sport oft Bruchzahlen und Dezimalbrüche begegnen. Nicht zuletzt wird dein Kenntnisstand immer wieder in **Klassenarbeiten** direkt oder indirekt abgefragt. Du siehst, es ist besonders wichtig, dass du sicher im Umgang mit Brüchen und Dezimalbrüchen bist.

Das vorliegende Buch hilft dir, dein Wissen in diesem Zahlenbereich zu **vertiefen** und zu **testen**.

- Klar strukturierte **Schritt-für-Schritt-Erklärungen** vermitteln die Lerninhalte so, dass du sie wirklich verstehst und auch anwenden kannst.

- Zahlreiche **Aufgaben** helfen dir dabei, den neu gelernten Stoff zu festigen.

- **Tests** zur Selbstüberprüfung geben einen Überblick über deinen aktuellen Leistungsstand.

- Ausführliche **Lösungsvorschläge** sorgen dafür, dass du deine Rechenwege selbstständig kontrollieren und verbessern kannst.

Du wirst sehen, wenn du parallel zum Unterricht mit diesem Buch arbeitest, wird dir das Thema Brüche und Dezimalbrüche schon bald viel leichter fallen und du kannst **stark in** deine nächste **Klassenarbeit** gehen!

Viel Spaß beim Üben und viel Erfolg bei deinen Klassenarbeiten wünscht dir

W. Modschiedl

Walter Modschiedler jun.

So arbeitest du mit diesem Buch

Jedes Kapitel in diesem Buch ist wie folgt aufgebaut:

- Wichtige Begriffe werden in **Wissenskästen** erklärt und im Anschluss durch anschauliche Beispiele verdeutlicht. Lies dir die Erklärungen und Rechnungen gut durch, damit du die folgenden Aufgaben selbstständig lösen kannst.

- Um dein Wissen zu sichern, stehen dir auf den folgenden Seiten zahlreiche **Aufgaben** zur Verfügung.

   Die Eule gibt dir an einigen Stellen **Tipps**, die dir bei der Lösung helfen. Lies sie am besten erst, wenn du alleine nicht weiterkommst.

   Besonders **knifflige** Aufgaben sind mit einem Stern gekennzeichnet. Lass dich nicht entmutigen, wenn du sie nicht auf Anhieb schaffst.

- Nachdem du ein großes Kapitel durchgearbeitet hast, kannst du dich an die **Tests** zur Überprüfung deines Leistungsstandes wagen. Aufgaben wie hier können dir auch in deiner nächsten Klassenarbeit begegnen. Versuche daher, den Test in der vorgegebenen Zeit und ohne weitere Hilfsmittel zu lösen. Die Punkteverteilung zeigt dir, wie gut du das Thema beherrschst:

   Du bist in diesem Themenbereich fit, gehe zum nächsten Kapitel über.

   Es sitzt noch nicht alles, wiederhole die für dich schwierigen Themen.

   Du hast noch größere Lücken, schaue dir alle Wissenskästen erneut an und arbeite die Aufgaben dazu noch einmal durch.

- Am Ende des Buches findest du zu allen Aufgaben ausführlich vorgerechnete **Lösungen**, mit denen du deine Ergebnisse überprüfen kannst. Versuche aber immer erst, die Aufgaben eigenständig zu bearbeiten, denn nur wenn du sie selbst rechnest, bleibt dir die Vorgehensweise im Gedächtnis. Danach solltest du deine Ergebnisse aber auf jeden Fall mit denen im Buch vergleichen, damit du siehst, ob dein Lösungsansatz richtig war.

Hier kannst du eintragen, wie gut du bei den Tests zu den einzelnen Kapiteln abgeschnitten hast. Auf diese Weise behältst du immer den **Überblick** über deinen aktuellen Leistungsstand.

Testergebnisse			
1 Grundlagen der Bruchrechnung			
2 Grundlagen der Bruchrechnung			
3 Mit Brüchen rechnen			
4 Mit Brüchen rechnen			
5 Grundlagen der Dezimalbrüche			
6 Grundlagen der Dezimalbrüche			
7 Mit Dezimalbrüchen rechnen			
8 Mit Dezimalbrüchen rechnen			

Grundlagen der Bruchrechnung

Finde das Lösungswort.

$\frac{1}{2}$	$\frac{3}{4}$	$\frac{7}{8}$	$\frac{1}{10}$	$\frac{7}{10}$	$\frac{1}{8}$	$\frac{1}{12}$
☐	☐	☐	☐	☐	☐	☐

Vertiefe dein Wissen!

1 Bruchbegriff und Darstellung

Auf der Geburtstagsfeier von Leo gibt es Torte. Leos Mutter hat den Kuchen in **10 gleich große** Stücke geteilt und gibt Leo **1 Stück** davon.

$\dfrac{1}{10}$ → **Zähler**

→ Bruchstrich

→ **Nenner**

WISSEN

Brüche bezeichnen **Teile eines Ganzen**.

- Der **Nenner** eines Bruchs gibt an, in wie viele gleich große Teile das Ganze zerlegt wird.

- Der **Zähler** eines Bruchs gibt an, wie viele Teile davon genommen werden.

BEISPIEL

a Welcher Bruchteil ist in der abgebildeten Figur grau gefärbt, welcher Bruchteil ist grün?

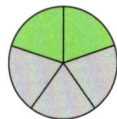

Lösung:

$\dfrac{3}{5}$ der Figur ist grau gefärbt,

$\dfrac{2}{5}$ der Figur ist grün.

Die Figur ist in **5 gleich große Teile** zerlegt. 3 der Teile sind grau gefärbt, **2** sind grün.

b Färbe in einem beliebigen Quadrat $\dfrac{2}{3}$ der Fläche grau.

Lösung:

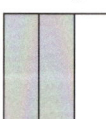

Zerteile das Quadrat in **3 gleich große Stücke** und färbe **2** davon.

---

1 Gib den grün markierten Bruchteil der Körper an.

a

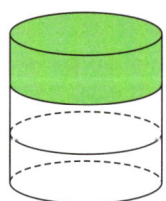

b

---

2 Welcher Bruchteil ist jeweils rot, welcher grün gefärbt?

a

b

c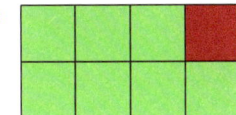

d

3 Färbe den angegebenen Bruchteil jeweils grün.

a $\frac{5}{6}$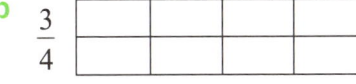

b $\frac{3}{4}$

c $\frac{4}{5}$

d $\frac{2}{7}$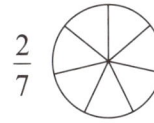

4 Färbe die angegebenen Bruchteile in den dazugehörigen Farben. Welcher Bruchteil bleibt jeweils weiß?

a Färbe $\frac{2}{10}$ des Streifens rot und $\frac{3}{10}$ grün.

b Färbe $\frac{3}{9}$ des Streifens rot und $\frac{1}{3}$ grün.

5 Ergänze die Brüche am Zahlenstrahl.

TIPP

Überlege, in wie viele Teile der Strahl zerlegt ist.

a

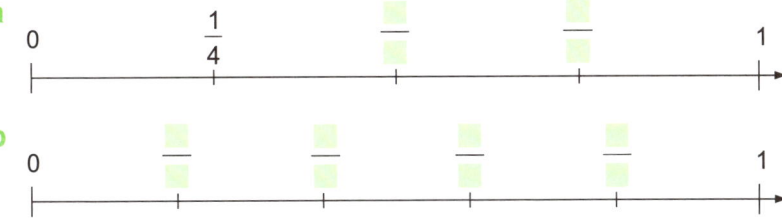

b

6 Umrande jeweils den angegebenen Bruchteil. Welcher Bruchteil bleibt übrig?

a $\dfrac{3}{8}$

b $\dfrac{7}{10}$

c $\dfrac{1}{3}$

d $\dfrac{1}{2}$

7 Zeichne die angegebenen Bruchteile ein und färbe sie grün.

TIPP
Zerlege jede Figur in gleich große Teile.

a $\dfrac{2}{3}$

b $\dfrac{1}{5}$

c $\dfrac{3}{8}$

d $\dfrac{1}{6}$

8 Herr Fuchs fährt von der Arbeit nach Hause. Unterwegs läuft einiges schief:
Nach 1 Fünftel der Strecke geht sein Auto kaputt. Mit einem freundlichen Landwirt fährt er weiter, bis er genau die Hälfte der gesamten Strecke zurückgelegt hat.
Von dort geht er 1 Zehntel der Strecke zu Fuß und nimmt dann die Straßenbahn, die ihn nach Hause bringt.
Markiere die jeweiligen Abschnitte auf dem Zahlenstrahl und verbinde sie mit den passenden Bildern.

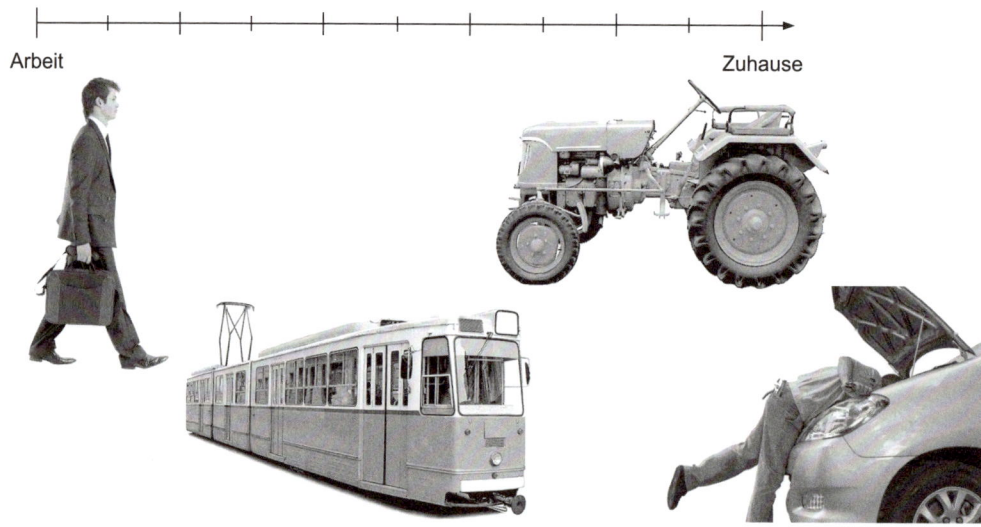

Arbeit   Zuhause

2   Unechter Bruch und gemischte Zahl

Lea absolviert ein Praktikum in einer Konditorei.
Sie teilt die fertigen Backwaren in gleich große
Stücke: Den Blechkuchen schneidet sie in
15 Stücke. Die 2 runden Kuchen teilt sie in
je **8 Stücke**.

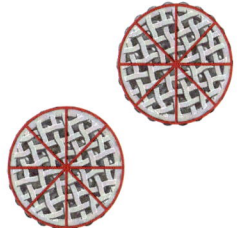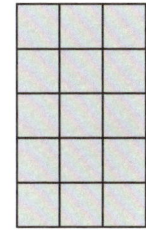

WISSEN

Jede natürliche Zahl kann **als Bruch geschrieben** werden. Der Zähler ist dabei
ein **Vielfaches** des Nenners.

BEISPIEL

a Schreibe die oben genannten Anteile als Bruch und als Ganze.

Lösung:

■ $\dfrac{15}{15} = 1$

Die **Zahl 1** kann als Bruch dargestellt werden, bei
dem der Nenner **gleich** dem Zähler ist.

■ $\dfrac{16}{8} = 2$

Die runden Kuchen bestehen aus **16 Achteln**, die
zusammen **2 Ganze** ergeben.

b Schreibe 3 als Bruch mit Nenner 4.

Lösung:

$3 = \dfrac{12}{4}$

Im Zähler muss das **3-Fache** von 4 stehen.

---

9 Schreibe als Bruch und als Ganze.

a

b

10 Schreibe die Ganzen jeweils als Bruch mit Nenner 5 (8; 10; 12).

a 4

b 5

c 7

d 10

Vertiefe dein Wissen!

11 Schreibe jeweils als natürliche Zahl und finde das Ergebnis im Bild. Um was für eine Tier handelt es sich?

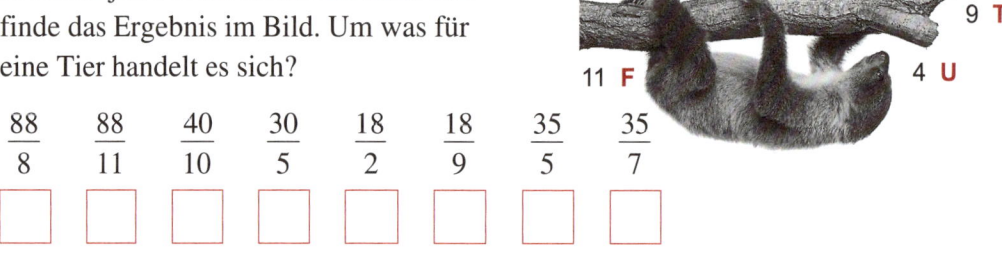

5 **R** 7 **E** 2 **I** 6 **L** 8 **A** 9 **T** 11 **F** 4 **U**

$$\frac{88}{8} \qquad \frac{88}{11} \qquad \frac{40}{10} \qquad \frac{30}{5} \qquad \frac{18}{2} \qquad \frac{18}{9} \qquad \frac{35}{5} \qquad \frac{35}{7}$$

☐ ☐ ☐ ☐ ☐ ☐ ☐ ☐

Am Abend sind in der Konditorei 5 halbe Kuchen übrig geblieben. Lea möchte wissen, wie viele ganze Kuchen sie daraus bilden könnte. Sie setzt die einzelnen Teile wieder zusammen.

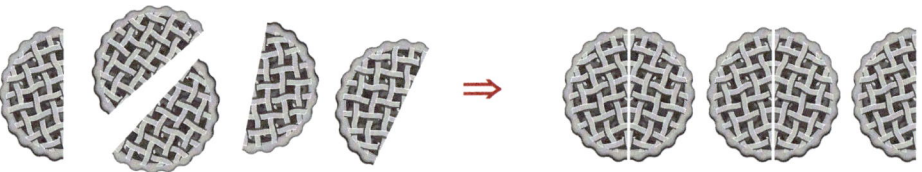

Sie schreibt: $\frac{5}{2} = 2\frac{1}{2}$

WISSEN

■ Bei einem **echten Bruch** ist der Zähler **kleiner** als der Nenner, bei einem **unechten Bruch** ist der Zähler **größer oder gleich groß** wie der Nenner.

■ Eine **gemischte Zahl** besteht aus **Ganzen und Bruchteilen**.

■ Jede gemischte Zahl kannst du auch als unechten Bruch schreiben und umgekehrt. Der Wert ist immer **größer als 1**.

BEISPIEL

a Stelle den abgebildeten Anteil als unechten Bruch und als gemischte Zahl dar.

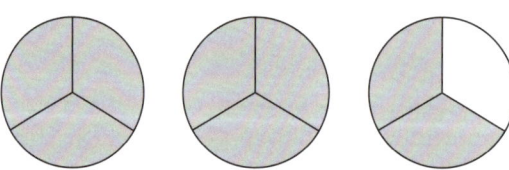

Lösung:
$\frac{8}{3} = \mathbf{2\frac{2}{3}}$

Es sind **2 ganze Kreise** markiert. Von dem 3. Kreis sind 2 Drittel markiert.

b Wandle $3\frac{4}{5}$ in eine gemischte Zahl und $\frac{8}{3}$ in einen unechten Bruch um.

Lösung:

- $3\frac{4}{5} = 3 + \frac{4}{5} = \frac{15}{5} + \frac{4}{5} = \frac{19}{5}$

  Eine gemischte Zahl besteht aus den Ganzen **und** einem Bruch.
  Schreibe 3 **als Bruch** mit Nenner 5.

- $\frac{8}{3} = \frac{6}{3} + \frac{2}{3} = 2 + \frac{2}{3} = 2\frac{2}{3}$

  Überlege, **wie viele Ganze** in dem Bruch stecken.

12 Das Hochhaus der Brüche:

	1	2	3	4	5	6	7	8	9	10
1	$\frac{1}{1}$	$\frac{2}{1}$	$\frac{3}{1}$	$\frac{4}{1}$	$\frac{5}{1}$	$\frac{6}{1}$	$\frac{7}{1}$	$\frac{8}{1}$	$\frac{9}{1}$	$\frac{10}{1}$
2	$\frac{1}{2}$	$\frac{2}{2}$	$\frac{3}{2}$	$\frac{4}{2}$	$\frac{5}{2}$	$\frac{6}{2}$	$\frac{7}{2}$	$\frac{8}{2}$	$\frac{9}{2}$	$\frac{10}{2}$
3	$\frac{1}{3}$	$\frac{2}{3}$	$\frac{3}{3}$	$\frac{4}{3}$	$\frac{5}{3}$	$\frac{6}{3}$	$\frac{7}{3}$	$\frac{8}{3}$	$\frac{9}{3}$	$\frac{10}{3}$
4	$\frac{1}{4}$	$\frac{2}{4}$	$\frac{3}{4}$	$\frac{4}{4}$	$\frac{5}{4}$	$\frac{6}{4}$	$\frac{7}{4}$	$\frac{8}{4}$	$\frac{9}{4}$	$\frac{10}{4}$
5	$\frac{1}{5}$	$\frac{2}{5}$	$\frac{3}{5}$	$\frac{4}{5}$	$\frac{5}{5}$	$\frac{6}{5}$	$\frac{7}{5}$	$\frac{8}{5}$	$\frac{9}{5}$	$\frac{10}{5}$
6	$\frac{1}{6}$	$\frac{2}{6}$	$\frac{3}{6}$	$\frac{4}{6}$	$\frac{5}{6}$	$\frac{6}{6}$	$\frac{7}{6}$	$\frac{8}{6}$	$\frac{9}{6}$	$\frac{10}{6}$
7	$\frac{1}{7}$	$\frac{2}{7}$	$\frac{3}{7}$	$\frac{4}{7}$	$\frac{5}{7}$	$\frac{6}{7}$	$\frac{7}{7}$	$\frac{8}{7}$	$\frac{9}{7}$	$\frac{10}{7}$
8	$\frac{1}{8}$	$\frac{2}{8}$	$\frac{3}{8}$	$\frac{4}{8}$	$\frac{5}{8}$	$\frac{6}{8}$	$\frac{7}{8}$	$\frac{8}{8}$	$\frac{9}{8}$	$\frac{10}{8}$
9	$\frac{1}{9}$	$\frac{2}{9}$	$\frac{3}{9}$	$\frac{4}{9}$	$\frac{5}{9}$	$\frac{6}{9}$	$\frac{7}{9}$	$\frac{8}{9}$	$\frac{9}{9}$	$\frac{10}{9}$
10	$\frac{1}{10}$	$\frac{2}{10}$	$\frac{3}{10}$	$\frac{4}{10}$	$\frac{5}{10}$	$\frac{6}{10}$	$\frac{7}{10}$	$\frac{8}{10}$	$\frac{9}{10}$	$\frac{10}{10}$

a Male alle Felder mit dem Wert 1 rot aus.

b Male alle Felder mit dem Wert 2 grün aus.

c Markiere alle unechten Brüche mit einem Stern.

d Schreibe den Bruch mit dem größten Wert auf.

e Schreibe den Bruch mit dem kleinsten Wert auf.

Vertiefe dein Wissen!

13 Schreibe als unechten Bruch und als gemischte Zahl.

a

b

14 Nach einem Picknick sind noch Reste übrig. Welcher Anteil wurde nicht mehr gegessen? Schreibe als gemischte Zahl und als unechten Bruch.

a

b

c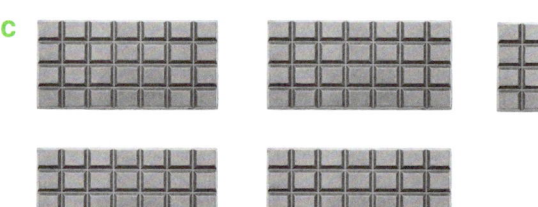

15 Wandle die gemischten Zahlen in unechte Brüche um.

a $1\frac{2}{7}$

b $3\frac{9}{10}$

c $7\frac{5}{6}$

d $18\frac{5}{8}$

16 Wandle die unechten Brüche in gemischte Zahlen um.

TIPP
Überlege, wie oft der Nenner in den Zähler passt.

a $\frac{11}{4}$

b $\frac{15}{7}$

c $\frac{11}{6}$

d $\frac{27}{8}$

Vertiefe dein Wissen!

3 Bruchteile berechnen

Anna bekommt 12 € Taschengeld. Davon gibt sie
2 Drittel für eine Kinokarte aus. Wie viel ist das?

WISSEN

Um **Bruchteile** von einer Größe zu berechnen, **dividiere** die Größe durch den
Nenner und **multipliziere** das Ergebnis anschließend **mit dem Zähler**.

BEISPIEL

a Wie viel gibt Anna für die Kinokarte aus?

Lösung:

$\frac{2}{3}$ von 12 €

Du kannst rechnen:
12 € : **3** = 4 €
4 € · **2** = 8 €

Anna gibt 8 € für die Kinokarte aus.

b Wie viele Minuten sind $\frac{2}{3}$ Stunden?

Lösung:

$\frac{2}{3}$ von 60 Minuten: Eine Stunde hat 60 Minuten.

60 Minuten : **3** = 20 Minuten
20 Minuten · **2** = 40 Minuten

---

17 Rechne im Kopf.

a $\frac{5}{6}$ von 36 kg

b $\frac{3}{4}$ von 28 cm

c $\frac{7}{8}$ von 40 km

d $\frac{2}{5}$ von 300 ℓ

e $\frac{3}{7}$ von 77 t

f $\frac{5}{9}$ von 450 $

18 Thea und Kai essen jeweils einen Apfel. Wie viel Gramm Wasser und wie viel Gramm Zucker enthalten die Äpfel?

a Theas Apfel wiegt 140 g.

b Kais Apfel wiegt 120 g.

$\frac{4}{5}$ **Wasser**

$\frac{3}{20}$ **Zucker**

$\frac{7}{8}$ **Wasser**

$\frac{1}{12}$ **Zucker**

19 Gib in cm an.

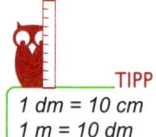

TIPP
1 dm = 10 cm
1 m = 10 dm

a $\frac{1}{2}$ dm

b $\frac{4}{5}$ dm

c $\frac{9}{10}$ dm

d $\frac{1}{4}$ m

e $\frac{3}{20}$ m

f $\frac{3}{4}$ m

20 Gib in Minuten an.

a $\frac{3}{4}$ Stunde

b $\frac{4}{5}$ Stunde

c $\frac{7}{12}$ Stunde

d $\frac{5}{6}$ Stunde

21 Jeder Messbecher fasst einen Liter Flüssigkeit.
Gib den Inhalt in Litern und in Millilitern an.

TIPP
1 Liter hat
1 000 Milliliter.

a

b

22 Jeder Eisenstab wiegt 960 Gramm. Wie schwer sind die grün eingefärbten Bruchteile?

a

b

23 Die KITA „Mäusenest" besuchen 120 Kinder. Kreuze an, ob die Aussagen wahr oder falsch sind.

	wahr	falsch
a 90 Kinder spielen am liebsten im Sand, das sind $\frac{3}{4}$ aller Kinder.	☐	☐
b 96 Kinder sind jünger als 5 Jahre, das sind $\frac{4}{5}$ aller Kinder.	☐	☐
c In der KITA sind 65 Mädchen, das sind $\frac{2}{3}$ der Kinder.	☐	☐
d 22 Kinder schlafen gerade, die restlichen $\frac{7}{8}$ toben herum.	☐	☐
e 100 Kinder bleiben den ganzen Tag, das sind $\frac{5}{6}$ aller Kinder.	☐	☐
f Die KITA wird von 109 Kindern gerne besucht, das sind $\frac{11}{12}$ aller Kinder.	☐	☐

 24 Welche Zahlen fehlen?

TIPP
*Löse mit Um-
kehraufgaben
oder durch
Überlegen.*

a $\dfrac{\text{\includegraphics{}}}{3}$ von 36 km = 24 km

b $\dfrac{2}{\text{\includegraphics{}}}$ von 15 € = 10 €

c $\dfrac{7}{8}$ von  kg = 315 kg

d $\dfrac{\text{\includegraphics{}}}{\text{\includegraphics{}}}$ von 100 m^3 = 20 m^3

 25 Nur 1 Siebtel der Höhe des abgebildeten Eisbergs ragt über den Meeresspiegel heraus, der Rest befindet sich unter der Wasseroberfläche.

a Wie hoch ist der sichtbare Teil des Eisbergs?

b In welcher Tiefe befindet sich das untere Ende des Eisbergs?

c Bei einem anderen Eisberg mit gleicher Verteilung ist der sichtbare Teil 15 m hoch. Wie hoch ist der Eisberg insgesamt?

245 m

Vertiefe dein Wissen!

4   Bruch als Quotient

Frau Brunner **verteilt** 2 ganze Pizzen
an ihre 3 Kinder Gina, Jon und Lari.
Sie schneidet jede Pizza in 3 Teile,
sodass sie 6 Drittel hat. Jetzt kann sie
jedem Kind 2 Drittel der Pizzen geben.

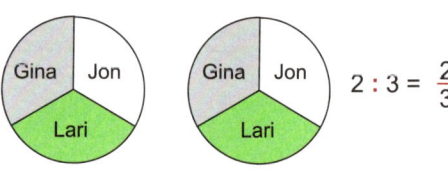

$$2 : 3 = \frac{2}{3}$$

WISSEN

Brüche entstehen beim Teilen von Ganzen, man kann also jeden Bruch auch
als **Division** auffassen. Der **Bruchstrich** hat dabei dieselbe Bedeutung wie das
Divisionszeichen.

BEISPIEL

Verteile 9 Müsliriegel an 4 Kinder. Wie viele Müsliriegel bekommt jedes Kind?

Lösung:

$$9 : 4 = \frac{9}{4} = 2\frac{1}{4}$$

Jedes Kind bekommt $2\frac{1}{4}$ Müsliriegel.

---

26   Schreibe als Bruch bzw. als gemischte Zahl.

    a 1 : 4   **b** 3 : 5

    c 2 : 7   **d** 11 : 4

    e 7 : 2   **f** 4 : 9

27   An 8 Kinder werden 3 kg Weintrauben verteilt.

TIPP

*1 kg sind
1 000 g.*

    a Welchen Bruchteil in kg bekommt jedes Kind?

    b Wie viel Gramm bekommt jedes Kind?

28   Anne, Björn, Chris und Diana helfen der Nachbarin bei der Gartenarbeit.
Für ihre Hilfe bekommen sie einen 10-Euro-Schein und einen 5-Euro-Schein.
Wie wird der Lohn gerecht aufgeteilt?

Vertiefe dein Wissen!

5   Brüche erweitern und kürzen

Aus dem Bruch $\frac{1}{2}$ entsteht durch **feineres Unterteilen** der Bruch $\frac{2}{4}$. Aus dem Bruch $\frac{2}{4}$ entsteht wiederum durch feineres Unterteilen der Bruch $\frac{4}{8}$.
Jeder Bruchteil wird dabei in gleich große Stücke zerlegt, insgesamt bleibt der grün markierte Teil aber **gleich groß**.

$\frac{1}{2}$

$\frac{2}{4}$

$\frac{4}{8}$

─ **WISSEN** ──────────────────────────

- **Erweitern** eines Bruchs bedeutet feineres Unterteilen der Bruchteile. Der **Wert** des Bruchs **ändert sich dabei nicht**, er bleibt gleich.

- Ein Bruch wird erweitert, indem Zähler und Nenner **mit der gleichen Zahl multipliziert** werden.

BEISPIEL

a Bei der Darstellung wurde erweitert. Gib die Rechnung an.

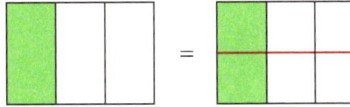

Lösung:
$$\frac{1}{3} = \frac{1 \cdot 2}{3 \cdot 2} = \frac{2}{6}$$

Jeder Bruchteil wurde in **2 gleich große Teile** zerlegt, es wurde also **mit 2** erweitert.

b Erweitere mit 3. Schreibe auch die Rechnung auf.

Lösung:

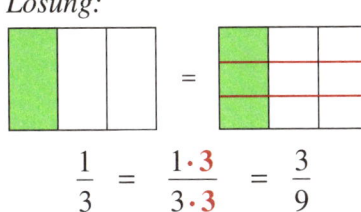

$$\frac{1}{3} \; = \; \frac{1 \cdot 3}{3 \cdot 3} \; = \; \frac{3}{9}$$

Du musst jeden Bruchteil in 3 gleich große Teile zerlegen, also Zähler und Nenner **mit 3 multiplizieren**.

29 Erweitere die Brüche zeichnerisch mit 2. Schreibe jeweils die Rechnung auf.

a  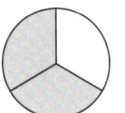 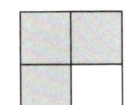   **b**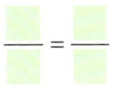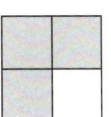

Vertiefe dein Wissen!

30 Mit welcher Zahl wurde erweitert?
Schreibe die Erweiterungszahl und die Rechnung auf.

a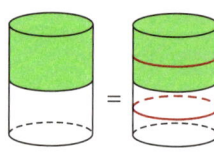

b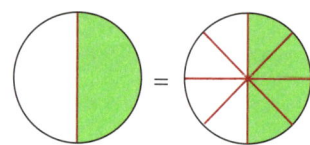

c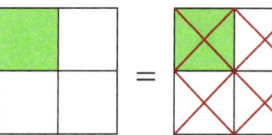

d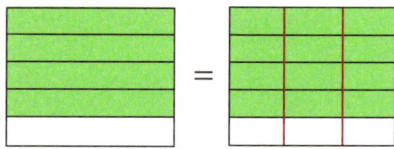

31 Toni weiß nicht mehr, mit welcher Zahl er erweitert hat.
Kannst du ihm helfen?

a $\dfrac{1}{7} = \dfrac{4}{28}$

b $\dfrac{1}{12} = \dfrac{5}{60}$

c $\dfrac{5}{6} = \dfrac{10}{12}$

d $\dfrac{2}{3} = \dfrac{12}{18}$

e $\dfrac{4}{15} = \dfrac{24}{90}$

f $\dfrac{9}{30} = \dfrac{36}{120}$

32 Male je 5 wertgleiche Kärtchen mit derselben Farbe aus.

TIPP
Der Wert des Ausgangs-bruchs ändert sich beim Er-weitern nicht.

33 Erweitere die Brüche jeweils mit den angegebenen Zahlen.

a $\dfrac{1}{3}$ mit 3, 5 und 8

b $\dfrac{5}{8}$ mit 2, 7 und 9

c $\dfrac{5}{12}$ mit 4, 5 und 6

d $\dfrac{10}{21}$ mit 2, 3 und 10

34 Bei einer rasanten Schlittenfahrt sind Zähler und Nenner
verloren gegangen. Welche Zahl gehört zu welchem Bruch?

$$\frac{2}{7} = \frac{}{28} \qquad \frac{5}{6} = \frac{40}{}$$

$$\frac{7}{12} = \frac{35}{} \qquad \frac{9}{10} = \frac{}{60}$$

$$\frac{2}{} = \frac{12}{30} \qquad \frac{11}{} = \frac{55}{100}$$

54   48

20   8   60

5

35 Erweitere die Brüche auf die angegebenen Nenner.

TIPP
Überlege, wie oft der ursprüngliche Nenner in den erweiterten Nenner passt.

a $\dfrac{1}{5}$ auf die Nenner 10 und 15

b $\dfrac{5}{8}$ auf die Nenner 24 und 40

c $\dfrac{3}{7}$ auf die Nenner 21 und 56

d $\dfrac{7}{12}$ auf die Nenner 72 und 120

Diese beiden Bruchteile sind jeweils
durch Erweitern entstanden.
Wie lauten wohl die **Ausgangsbrüche**?

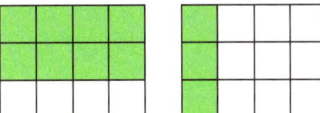

WISSEN

- **Kürzen** ist die **Umkehrung des Erweiterns**. Der Wert des Bruchs ändert sich dabei nicht, er bleibt gleich.
- Ein Bruch wird **gekürzt**, indem **Zähler** und **Nenner** durch die **gleiche Zahl** dividiert werden.

Vertiefe dein Wissen!

■ BEISPIEL
Wie lauten die Ausgangsbrüche der beiden oben dargestellten Brüche?

Lösung:

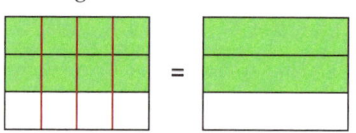

Die Bruchteile wurden jeweils in **4 gleich große** Stücke unterteilt, man kann also mit 4 kürzen.

$$\frac{8}{12} = \frac{8:4}{12:4} = \frac{2}{3}$$

Die Bruchteile wurden jeweils in **3 gleich große** Stücke unterteilt, man kann also mit 3 kürzen.

$$\frac{3}{12} = \frac{3:3}{12:3} = \frac{1}{4}$$

36 Schreibe jeweils den erweiterten Bruch und den gekürzten Bruch auf.

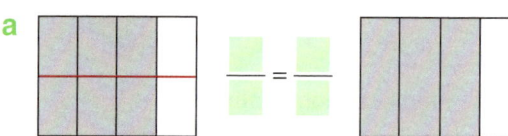

a

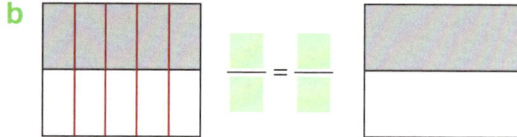

b

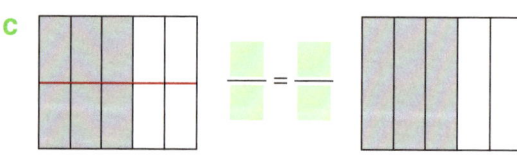

c

37 Diese Brüche sind durch Erweitern entstanden. Schreibe jeweils den Ausgangsbruch auf.

a   b

38 Kürze die Brüche mit 2, 3 und 4.

kürzen	$\frac{12}{36}$	$\frac{24}{84}$	$\frac{120}{48}$
mit 2			
mit 3			
mit 4			

39 Miriam hat beim Frühstück gekleckert. Welche Zahlen fehlen?

a $\frac{6}{9} = \frac{}{3}$

b $\frac{2}{18} = \frac{}{9}$

c $\frac{10}{25} = \frac{2}{}$

d $\frac{12}{32} = \frac{}{8}$

e $\frac{14}{18} = \frac{7}{}$

f $\frac{121}{132} = \frac{11}{}$

40 Emil hat bei seinen Hausaufgaben Fehler gemacht. Kannst du sie finden und verbessern?

a $\frac{30}{35} = \frac{5}{7}$

b $\frac{12}{20} = \frac{6}{40}$

c $\frac{15}{21} = \frac{5}{9}$

d $\frac{25}{75} = \frac{5}{15}$

41 Kürze die Brüche soweit wie möglich.

TIPP

Wenn du die Kürzungszahl nicht gleich erkennst, kürze schrittweise.

a $\frac{3}{9}$

b $\frac{12}{16}$

c $\frac{30}{50}$

d $\frac{36}{54}$

e $\frac{77}{121}$

f $\frac{48}{90}$

Vertiefe dein Wissen!

Die Piraten sind los – Vermischte Aufgaben

42 Die Piraten sind mit ihrem Schiff „Seeteufel" auf Beutezug. Verbinde die Inseln, bei denen richtig erweitert oder gekürzt wurde. Hast du alle Inseln richtig verbunden, ergibt sich ein Lösungswort.

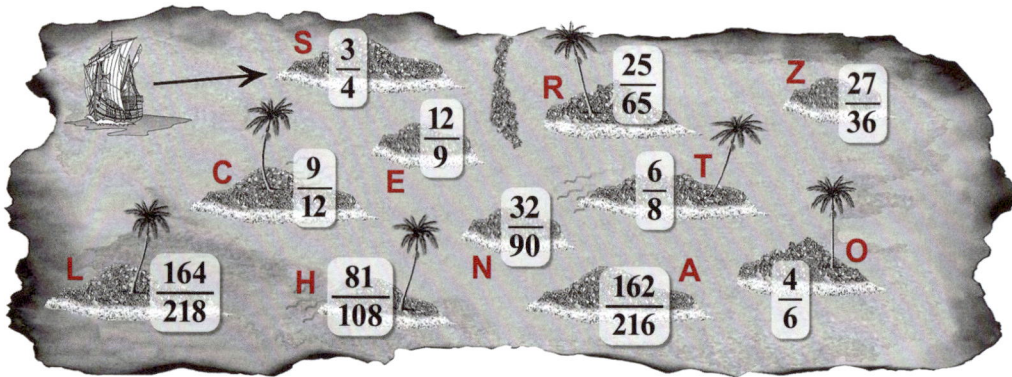

Lösungwort: **S** ▢ ▢ ▢ ▢ ▢

43 Piraten sind oft nicht sehr schlau. Welche Aussagen von Kapitän Holzauge sind wahr, welche falsch? Kreuze an.

TIPP
Schreibe dir eine passende Rechnung auf.

		wahr	falsch
a	2 Viertel ist das Gleiche wie 1 Halbes.	▢	▢
b	In 1 Drittel „passen" genau 2 Viertel.	▢	▢
c	2 Fünftel sind genauso viel wie 1 Zehntel.	▢	▢
d	4 Achtel sind genauso viel wie 3 Sechstel.	▢	▢

44 Immer 2 Schatztruhen sind gleich viel wert, verbinde sie. 2 Schatztruhen bleiben übrig.

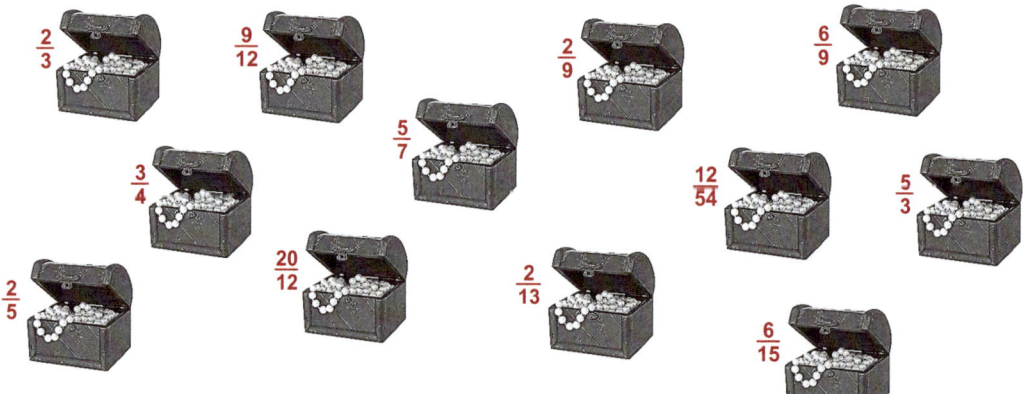

Vertiefe dein Wissen!

6 Brüche vergleichen und ordnen

Frau Bauer verteilt eine Tafel Schokolade an 4 Kinder. Welches Kind bekommt den größten Anteil der Schokolade?

Conni    **Bernd** 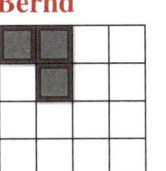   **Arian** 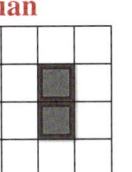   **Daniel**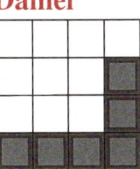

WISSEN

Bei Brüchen mit **gleichem Nenner** ist der Bruch größer, der den **größeren Zähler** hat.

BEISPIEL

Welches Kind bekommt den größten Anteil der Schokolade?

Lösung:

Arian   Bernd   Conni   Daniel

$$\frac{2}{16} < \frac{3}{16} < \frac{5}{16} < \frac{6}{16}$$

Schreibe die Bruchteile auf. Der Nenner ist bei allen Brüchen gleich. **Vergleiche** die **Zähler**.

Daniel bekommt den größten Anteil der Schokolade.

---

45   Bestimme zunächst, welcher Bruchteil der Fläche jeweils farbig markiert ist. Ordne die Brüche dann der Größe nach. Beginne dabei mit dem kleinsten Bruch.

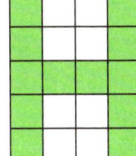   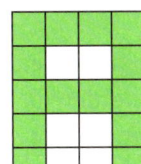   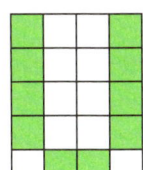   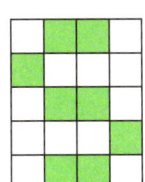

---

46   Vergleiche die Brüche. Setze < oder > richtig ein.

a $\frac{2}{5}$ ▢ $\frac{3}{5}$ b $\frac{7}{8}$ ▢ $\frac{5}{8}$

c $\frac{4}{7}$ ▢ $\frac{5}{7}$ d $\frac{17}{25}$ ▢ $\frac{22}{25}$

Vertiefe dein Wissen! ─

WISSEN

Bei Brüchen mit **gleichem Zähler** ist der Bruch größer, der den **kleineren Nenner** hat.

BEISPIEL

Bestimme die Bruchteile und ordne sie der Größe nach.

Lösung:

$$\frac{4}{8} < \frac{4}{7} < \frac{4}{5}$$

Der Zähler ist bei allen Brüchen gleich. **Vergleiche** die **Nenner**.

47 Vergleiche die Brüche. Setze < oder > richtig ein.

a $\frac{2}{5} \quad \blacksquare \quad \frac{2}{9}$ 　　　　　　b $\frac{7}{12} \quad \blacksquare \quad \frac{7}{11}$

c $\frac{8}{15} \quad \blacksquare \quad \frac{8}{9}$ 　　　　　　d $\frac{12}{25} \quad \blacksquare \quad \frac{12}{23}$

Wie können Brüche mit verschiedenen Nennern bzw. Zählern verglichen werden?

$$\frac{2}{3} \; \begin{matrix} > \\ ? \\ < \end{matrix} \; \frac{3}{4}$$

WISSEN

- Um Brüche mit unterschiedlichen Nennern und Zählern zu vergleichen, müssen sie **gleichnamig** gemacht werden, d. h., sie müssen durch Kürzen oder Erweitern auf den **gleichen Nenner** gebracht werden.
- Der **kleinste** gemeinsame Nenner zweier Brüche wird **Hauptnenner** genannt.

BEISPIEL

Welcher Bruch ist größer, $\frac{2}{3}$ oder $\frac{3}{4}$?

Lösung:

$$\frac{2}{3} \Rightarrow \frac{8}{12} \quad < \quad \frac{9}{12} \Leftarrow \frac{3}{4}$$

Beide Brüche werden auf den **Hauptnenner 12** erweitert.

48 Vergleiche die Brüche, indem du sie richtig zuordnest.

$$\frac{2}{6}; \quad \frac{4}{12}; \quad \frac{4}{6}; \quad \frac{5}{15}; \quad \frac{15}{15}; \quad \frac{3}{9}; \quad \frac{18}{27}; \quad \frac{9}{9}; \quad \frac{12}{12}; \quad \frac{7}{21}; \quad \frac{10}{15}; \quad \frac{12}{18}; \quad \frac{6}{6}; \quad \frac{6}{9}$$

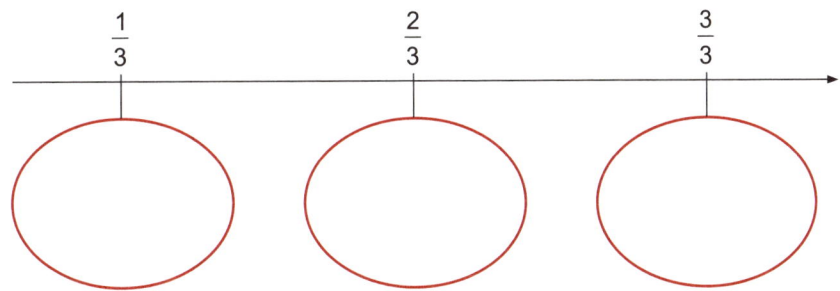

49 Verbinde die Bruchpaare mit dem passenden Hauptnenner.

| $\frac{1}{5}$ $\frac{1}{3}$ | $\frac{1}{2}$ $\frac{7}{8}$ | $\frac{1}{4}$ $\frac{3}{7}$ | $\frac{5}{9}$ $\frac{1}{3}$ | $\frac{5}{6}$ $\frac{7}{8}$ | $\frac{1}{6}$ $\frac{2}{5}$ | $\frac{3}{4}$ $\frac{3}{10}$ |

50 Sina hat Kleckse in ihr Heft bekommen. Welche Zeichen fehlen, **<**, **=** oder **>**?

a $\frac{1}{2}$ ⬛ $\frac{5}{6}$ b $\frac{2}{5}$ ⬛ $\frac{1}{3}$

c $\frac{3}{4}$ ⬛ $\frac{4}{5}$ d $\frac{1}{3}$ ⬛ $\frac{3}{9}$

e $\frac{2}{3}$ ⬛ $\frac{4}{7}$ f $\frac{4}{11}$ ⬛ $\frac{5}{10}$

51 Bestimme jeweils den Hauptnenner und ordne die Brüche von klein nach groß.

a $\frac{7}{12}; \quad \frac{1}{6}; \quad \frac{2}{3}$ b $\frac{1}{2}; \quad \frac{3}{5}; \quad \frac{7}{10}$

c $\frac{5}{6}; \quad \frac{1}{3}; \quad \frac{3}{4}$ d $\frac{3}{7}; \quad \frac{5}{12}; \quad \frac{5}{6}$

Vertiefe dein Wissen!

52 Finde jeweils einen Bruch, der zwischen den beiden angegebenen Brüchen liegt.

TIPP
Erweitere die Brüche auf einen gemeinsamen Nenner.

a $\frac{1}{6}$ $\frac{1}{2}$ b $\frac{4}{7}$ $\frac{2}{3}$

c $\frac{1}{4}$ $\frac{4}{9}$ d $\frac{4}{5}$ $\frac{5}{6}$

53 Trage die fehlenden Bruchzahlen am Zahlenstrahl ein. Manchmal gibt es mehrere Möglichkeiten.

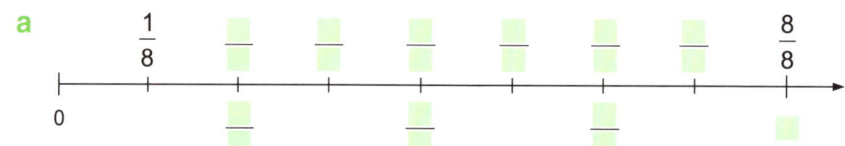

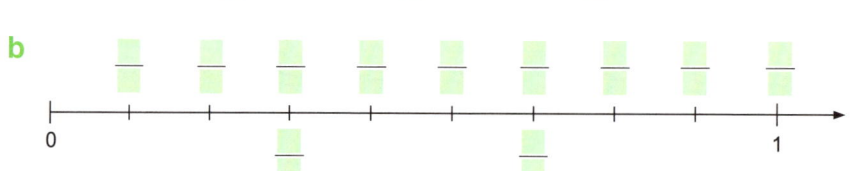

54 Sarahs Mutter meint: „Zieh lieber eine Dreiviertel-Hose an. Eine Siebenachtel-Hose ist viel zu kurz für den Herbst."
Was stimmt hier nicht?

55 Andreas, Mike und Lena gehen zum Pizzaessen. Andreas isst 3 Viertel der Salamipizza, Mike isst 5 Sechstel der Pizza Hawaii und Lena verspeist 7 Achtel von einer Pizza Alfonso.
Wer hat am meisten gegessen?

56 Tommy und Selina streiten sich. Selina meint: „In meine Flasche passen 2 drittel Liter Saft. Ich habe mehr als du!" Tommy antwortet nur: „Nein, ich habe mehr. In meiner Flasche ist ein Dreiviertelliter."
Kannst du den Streit schlichten?

40 Minuten

Test 1

1 Welcher Bruchteil ist jeweils rot, welcher grün gefärbt?

a 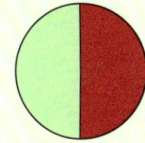 rot: ——

grün: ——

b  rot: ——

grün: ——

___ von 2

2 Ergänze die fehlenden Brüche am Zahlenstrahl.

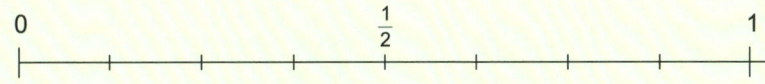

0 $\frac{1}{2}$ 1

___ von 3

3 Färbe den angegebenen Bruchteil jeweils grün.

a $\frac{3}{4}$

b $\frac{5}{8}$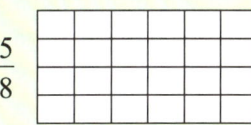

___ von 2

4 Schreibe als unechten Bruch und als gemischte Zahl.

a 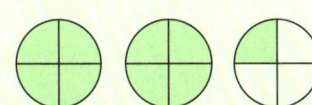 _____

b  _____

___ von 2

5 Gib in Gramm an.

a $\frac{7}{10}$ kg = _____ g

b $\frac{3}{4}$ kg = _____ g

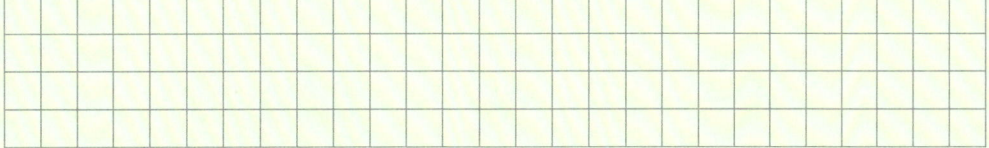

___ von 2

Teste dein Wissen!

6 Mit welcher Zahl wurde erweitert?

a $\frac{1}{6} = \frac{5}{30}$ erweitert mit: _____   **b** $\frac{7}{9} = \frac{28}{36}$ erweitert mit: _____

___ von 4   **c** $\frac{3}{5} = \frac{18}{30}$ erweitert mit: _____   **d** $\frac{13}{25} = \frac{52}{100}$ erweitert mit: _____

7 Bestimme die fehlenden Zähler oder Nenner.

a $\frac{5}{8} = \frac{}{32}$ **b** $\frac{3}{7} = \frac{21}{}$

___ von 4   **c** $\frac{}{5} = \frac{24}{40}$ **d** $\frac{8}{} = \frac{48}{90}$

8 Vincent und Vicky bekommen je 15 € Taschengeld. Vincent kauft sich für $\frac{3}{5}$ des Gelds Süßigkeiten, Vicky kauft sich für $\frac{2}{3}$ des Gelds Sammelkarten.
Wer hat mehr Geld ausgegeben?

___ von 3

9 Vergleiche die Brüche. Setze >, = oder < richtig ein.

a $\frac{5}{6}$ ☐ $\frac{5}{7}$ **b** $\frac{3}{7}$ ☐ $\frac{2}{3}$

c $\frac{3}{12}$ ☐ $\frac{1}{4}$ **d** $\frac{5}{6}$ ☐ $\frac{4}{5}$

___ von 4

| 26 bis 20 | 19,5 bis 13 | 12,5 bis 0 |

So lange habe ich gebraucht: _____

So viele Punkte habe ich erreicht: _____

Teste dein Wissen!

40 Minuten

Test 2

1 Welcher Bruchteil ist jeweils rot, welcher grün gefärbt?

a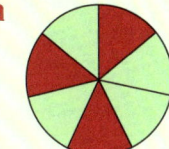
rot: ——

grün: ——

b
rot: ——

grün: ——

___ von 2

2 Färbe den angegebenen Bruchteil jeweils grün.

a $\frac{5}{8}$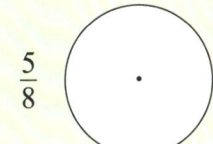

b $\frac{1}{4}$

___ von 2

3 Welche Bruchzahlen sind markiert?

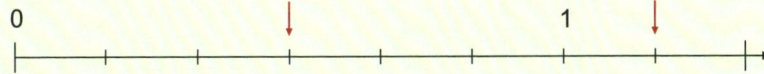

___ von 2

4 Schreibe als unechten Bruch bzw. als gemischte Zahl.

___ von 2 **a** $\frac{10}{3} =$ **b** $4\frac{5}{7} =$

5 Rechne jeweils in die angegebene Einheit um.

a $\frac{2}{5}$ km = _____ m   **b** $\frac{7}{10}$ ℓ = _____ mℓ

c $3\frac{1}{2}$ m = _____ cm   **d** $2\frac{1}{3}$ h = _____ min

___ von 4

Teste dein Wissen! ——

6 Erweitere die Brüche auf den Nenner 48 und schreibe ggf. als gemischte Zahl.

a $\dfrac{5}{12} =$ _____

b $\dfrac{3}{8} =$ _____

___ von 4

c $\dfrac{10}{6} =$ _____

d $\dfrac{7}{4} =$ _____

7 Bei den Graffitis wurden einige Zahlen übermalt. Fülle die Lücken.

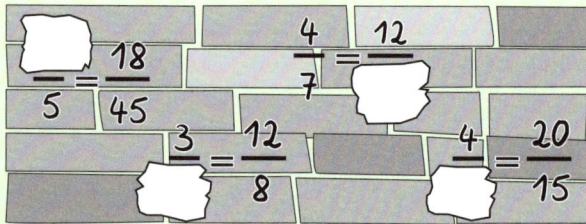

___ von 4

8 Ein Feinkostladen bietet Olivenöl in verschiedenen Flaschengrößen an. In welcher Flasche ist am meisten, in welcher ist am wenigsten Öl?

$\dfrac{2}{3}\,\ell$ $\dfrac{5}{8}\,\ell$ $\dfrac{1}{4}\,\ell$ $\dfrac{5}{6}\,\ell$ $\dfrac{1}{2}\,\ell$

___ von 3

9 Beim Elferschießen verwandelt Fatma 5 von 8 Schüssen, Maik verwandelt 6 von 9 Schüssen. Wer hat im Verhältnis besser geschossen?

___ von 3

| 26 bis 20 | 19,5 bis 13 | 12,5 bis 0 |

So lange habe ich gebraucht: _____

So viele Punkte habe ich erreicht: _____

Teste dein Wissen!

Mit Brüchen rechnen

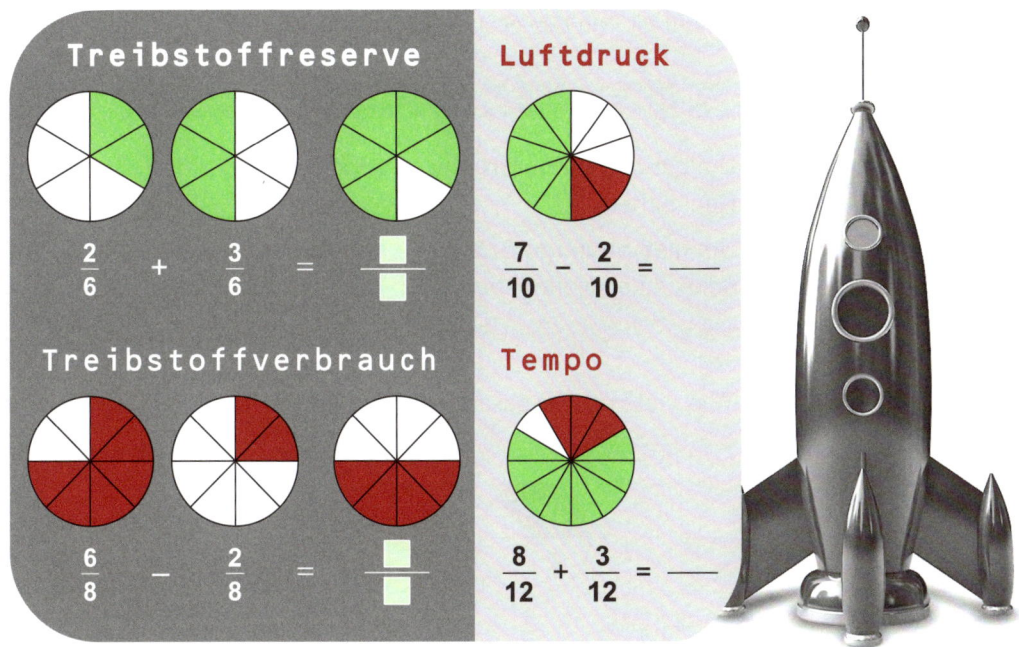

Captain Space hat Probleme mit seinem Computer.
Kannst du ihm helfen und alle Werte richtig berechnen?

1 Gleichnamige Brüche addieren und subtrahieren

Von einer Pizza isst Julia 2 Achtel, ihr Bruder Ole isst 3 Achtel. Wie viel haben die beiden **zusammen** gegessen und wie viel ist von der gesamten Pizza noch übrig?

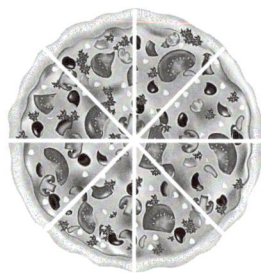

> **WISSEN**
>
> ■ Um **gleichnamige Brüche** zu **addieren**, addiere die **Zähler** und behalte den Nenner bei.
>
> ■ Um **gleichnamige Brüche** zu **subtrahieren**, subtrahiere die **Zähler** und behalte den Nenner bei.

BEISPIEL

a Wie viel von der gesamten Pizza haben Julia und Ole zusammen gegessen?

Lösung:

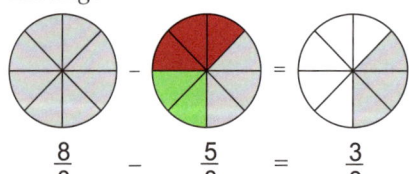

$$\frac{2}{8} \quad + \quad \frac{3}{8} \quad = \quad \frac{5}{8}$$

Die beiden haben zusammen 5 Achtel gegessen.

b Wie viel ist von der gesamten Pizza noch übrig?

Lösung:

$$\frac{8}{8} \quad - \quad \frac{5}{8} \quad = \quad \frac{3}{8}$$

Die gesamte Pizza kannst du in **8 Achtel** aufteilen.

Es sind noch 3 Achtel von der Pizza übrig.

c Berechne $\frac{1}{6} + \frac{3}{6}$ und $\frac{4}{5} - \frac{3}{5}$. Kürze am Ende, wenn möglich.

Lösung:

■ $\dfrac{1}{6} + \dfrac{3}{6} = \dfrac{1+3}{6} = \dfrac{4}{6} = \dfrac{2}{3}$

Addiere die **Zähler**, der Nenner bleibt gleich.

■ $\dfrac{4}{5} - \dfrac{3}{5} = \dfrac{4-3}{5} = \dfrac{1}{5}$

Subtrahiere die **Zähler**, der Nenner bleibt gleich.

Vertiefe dein Wissen!

57 Vervollständige jeweils die Darstellung und schreibe die Rechnung auf.

a

b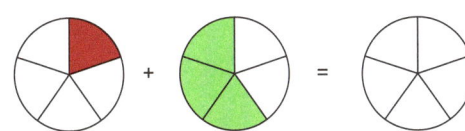

c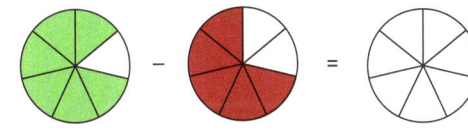

d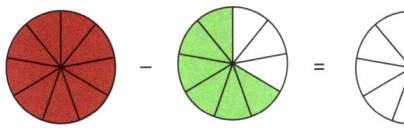

58 Vervollständige die Darstellung und ergänze die Rechnung.

a

b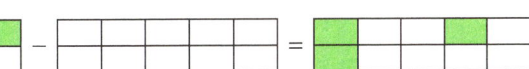

59 Berechne und kürze, wenn möglich.

a $\dfrac{2}{6}+\dfrac{1}{6}$

b $\dfrac{3}{8}+\dfrac{5}{8}$

c $\dfrac{5}{9}+\dfrac{2}{9}$

d $\dfrac{8}{9}-\dfrac{5}{9}$

e $\dfrac{7}{8}-\dfrac{3}{8}$

f $\dfrac{6}{7}-\dfrac{2}{7}$

g $\dfrac{9}{10}-\dfrac{3}{10}-\dfrac{1}{10}$

h $\dfrac{7}{8}-\dfrac{5}{8}+\dfrac{3}{8}$

Vertiefe dein Wissen!

60 Linus und Viviana teilen sich eine Tüte Gummibärchen. Linus isst 3 Fünftel der Tüte, Viviana
1 Fünftel.

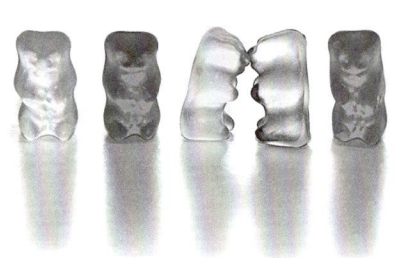

    a Wie viel von der gesamten Tüte haben die
    beiden zusammen gegessen?

    b Welcher Anteil ist noch übrig?

61 Die Zahlenfolgen sind durch verschiedene Rechenoperationen entstanden.
Kannst du jeweils die nächsten 2 Zahlen angeben?

    a $\dfrac{1}{8}$ $\dfrac{3}{8}$ $\dfrac{5}{8}$ ▢   ▢

    b 1 $\dfrac{10}{13}$ $\dfrac{12}{13}$ $\dfrac{9}{13}$ $\dfrac{11}{13}$ ▢   ▢

    c $\dfrac{1}{10}$ $\dfrac{3}{10}$ $\dfrac{1}{2}$ ▢   ▢

62 Landwirt Klöhn hat 2 Siebtel seiner Anbaufläche mit Getreide, 1 Siebtel mit
Bio-Kartoffeln und den Rest mit Mais bestellt. Welcher Bruchteil der Anbaufläche
entfällt auf den Mais?

63 Ein Waldstück wird neu angepflanzt. 2 Neuntel des
neuen Mischwalds sollen aus Eichen, 4 Neuntel
aus Buchen, der Rest soll aus Fichten bestehen.

    a Welcher Anteil der Neuaufforstung
    entfällt auf die Fichten?

    b Zur Aufforstung werden insgesamt
    2 250 Bäume benötigt. Berechne die
    Anzahl der einzelnen Bäume.

TIPP
*Hier ist der
Bruchteil
gesucht.*

2 Ungleichnamige Brüche addieren und subtrahieren

Nina isst **3 Achtel** einer Schokolade, ihrem Bruder Sven gibt sie **1 Sechstel** der Tafel.
Welchen Bruchteil der Schokolade haben die beiden zusammen gegessen?

1 Sechstel

3 Achtel

WISSEN

Brüche mit **verschiedenen Nennern** müssen vor dem Addieren (Subtrahieren) auf den **gemeinsamen Hauptnenner** erweitert werden.

BEISPIEL

a Welchen Bruchteil der Schokolade haben die beiden zusammen gegessen?

Lösung:

Ninas Anteil: $\dfrac{3}{8} = \dfrac{9}{24}$ Der **Hauptnenner** ist 24.

Svens Anteil: $\dfrac{1}{6} = \dfrac{4}{24}$

$\dfrac{9}{24} + \dfrac{4}{24} = \dfrac{9+4}{24} = \dfrac{13}{24}$ Addiere die Zähler wie gewohnt.

Die beiden haben $\dfrac{13}{24}$ der Schokolade gegessen.

b Suche einen gemeinsamen Nenner und berechne: $\dfrac{5}{6} - \dfrac{3}{4}$

Lösung:

$\dfrac{5}{6} - \dfrac{3}{4} = \dfrac{10}{12} - \dfrac{9}{12} = \dfrac{10-9}{12} = \dfrac{1}{12}$ Erweitere die Brüche auf den **Hauptnenner**. Subtrahiere dann die Zähler wie gewohnt.

64 Berechne. Wandle am Ende in eine gemischte Zahl um, wenn möglich.

a $\dfrac{1}{4} + \dfrac{7}{8}$ **b** $\dfrac{2}{3} + \dfrac{5}{9}$

c $\dfrac{9}{10} - \dfrac{3}{5}$ **d** $\dfrac{7}{12} - \dfrac{1}{2}$

Vertiefe dein Wissen!

65 Addiere jeweils den roten mit dem grünen Bruchteil.

a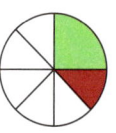

b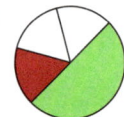

c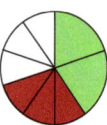

d

e

f

66 Subtrahiere vom grünen Anteil die Bruchteile mit dem Pfeil.

a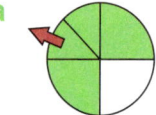

b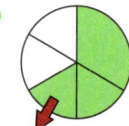

c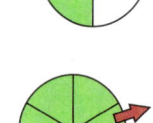

d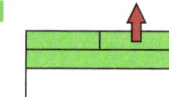

e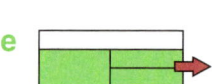

f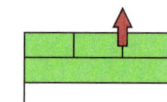

67 Addiere und subtrahiere die Zahlen auf den Kärtchen. Schreibe das Ergebnis als gemischte Zahl, wenn möglich.

a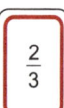

b

c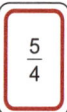

d

Vertiefe dein Wissen!

68 Suche den gemeinsamen Nenner und berechne.
Mögliche Lösungen findest du im Bild.

$1\frac{3}{20}$ $1\frac{5}{6}$ $1\frac{7}{60}$

$2\frac{19}{30}$

$2\frac{7}{20}$

$3\frac{11}{30}$ $2\frac{7}{12}$ $1\frac{1}{6}$

$2\frac{25}{36}$ $1\frac{53}{60}$

a $\dfrac{3}{5}+\dfrac{7}{10}+\dfrac{8}{15}$

b $\dfrac{5}{6}+\dfrac{11}{12}+\dfrac{15}{18}$

c $\dfrac{3}{4}+\dfrac{7}{12}+\dfrac{11}{20}$

d $\dfrac{57}{10}-\dfrac{8}{5}-\dfrac{7}{4}$

e $\dfrac{15}{4}-\dfrac{2}{9}-\dfrac{5}{6}$

f $\dfrac{15}{4}-\dfrac{7}{12}-\dfrac{8}{15}$

69 Finde die gesuchten Zahlen.

TIPP

Löse jeweils mit einer Umkehraufgabe.

a Welche Zahl muss man zu $\dfrac{5}{6}$ addieren, um $\dfrac{29}{24}$ zu erhalten?

b Die Summe aus $\dfrac{1}{2}$ und einer Zahl beträgt $\dfrac{19}{22}$.

c Wenn du $\dfrac{1}{7}$ von einer Bruchzahl subtrahierst, erhältst du $\dfrac{1}{5}$.

d Die Differenz aus einer Zahl und $\dfrac{3}{8}$ beträgt $\dfrac{4}{9}$.

WISSEN

Um **gemischte Zahlen** zu addieren oder zu subtrahieren, gibt es 2 Möglichkeiten:

- Addiere (subtrahiere) **zunächst die Ganzen** und **anschließend die Bruchteile**. Es kann sein, dass du bei dieser Vorgehensweise ein Ganzes in einen Bruch umwandeln musst oder umgekehrt.

Oder:

- Wandle die gemischten Zahlen in **unechte Brüche** um und rechne dann wie gewohnt.

BEISPIEL

a Addiere $2\frac{2}{3}$ und $3\frac{1}{2}$.

Lösung:

$$2\frac{2}{3}+3\frac{1}{2}=5\frac{2}{3}+\frac{1}{2}$$

Addiere zuerst die **Ganzen**.

$$=5\frac{4}{6}+\frac{3}{6}$$

Erweitere die Brüche auf den **Hauptnenner** und addiere sie.

$$=5\frac{7}{6}=6\frac{1}{6}$$

In $\frac{7}{6}$ steckt noch 1 Ganzes. **Wandle** dieses Ganze um.

Vertiefe dein Wissen!

b Subtrahiere $5\frac{7}{8}$ von $7\frac{3}{4}$.

Lösung:

$$7\frac{3}{4} - 5\frac{7}{8} = \frac{31}{4} - \frac{47}{8}$$

Wandle die gemischten Zahlen in **unechte Brüche** um.

$$= \frac{62}{\mathbf{8}} - \frac{47}{\mathbf{8}}$$

Erweitere auf den **Hauptnenner** und subtrahiere.

$$= \frac{15}{8} = 1\frac{7}{8}$$

Wandle in eine gemischte Zahl um.

70 Berechne.

a $8\frac{3}{8} + 3\frac{2}{3}$

b $10\frac{4}{9} + 5\frac{5}{6}$

c $4\frac{6}{7} + 7\frac{4}{5}$

d $4\frac{1}{6} - 2\frac{2}{3}$

e $7\frac{5}{12} - 5\frac{7}{9}$

f $13\frac{3}{10} - 8\frac{3}{4}$

71 Berechne die fehlenden Zahlen in der Rechenpyramide. Kürze die Ergebnisse soweit wie möglich und wandle unechte Brüche in gemischte Zahlen um.

a

b

72 Löse die Aufgaben.

TIPP
Was in der Klammer steht, wird zuerst berechnet.

a $\left(\frac{3}{5} - \frac{1}{2}\right) + \frac{2}{7}$

b $\frac{7}{9} + \left(\frac{4}{5} - \frac{1}{6}\right)$

c $\left(7\frac{3}{8} - 6\frac{3}{4}\right) + \left(4\frac{5}{6} - 3\frac{2}{3}\right)$

d $\left(16\frac{4}{7} - 8\frac{11}{14}\right) - \left(8\frac{1}{2} - 5\frac{3}{4}\right)$

73 Bäcker Bösl hat 4 Filialen. An jedem Abend liefert er Brot, das nicht verkauft wurde, an die gemeinnützige Organisation „Die Tafel". Wie viel kg Brot ist heute von den verschiedenen Sorten übrig geblieben?

TIPP
Nutze Rechen-vorteile, wenn möglich.

Filiale	1	2	3	4
Roggenbrot	$\frac{3}{4}$ kg	$\frac{1}{2}$ kg	$\frac{1}{6}$ kg	$\frac{2}{3}$ kg
Mischbrot	$1\frac{1}{4}$ kg	$2\frac{1}{2}$ kg	$\frac{3}{2}$ kg	$\frac{1}{4}$ kg
Schwarzbrot	$1\frac{2}{3}$ kg	$3\frac{3}{4}$ kg	$1\frac{1}{3}$ kg	2 kg

74 Familie Berger gibt von ihrem monatlichen Einkommen 1 Viertel für Miete, 1 Fünftel für Heizung und Strom, 3 Zehntel für Lebensmittel und 3 Zwanzigstel für Kleidung aus. Den Rest spart sie. Wie hoch ist der Sparanteil?

75 Frau Sommer kauft die Zutaten für das abgebildete Rezept ein. Wie viele kg muss sie nach Hause tragen?

76 Babsis Frühstücksmüsli besteht zu 1 Drittel aus Haferflocken, zu 1 Achtel aus Haselnüssen, zu 1 Sechstel aus Äpfeln und zu 1 Viertel aus Dinkelflocken. Der Rest sind Rosinen.

a Berechne den Anteil der Rosinen.

b Eine Familienpackung Müsli enthält 960 g. Berechne den Anteil der einzelnen Zutaten in Gramm.

77 Ein Holzbalken wird in 3 Teile zersägt. (Skizze nicht maßstabsgetreu)

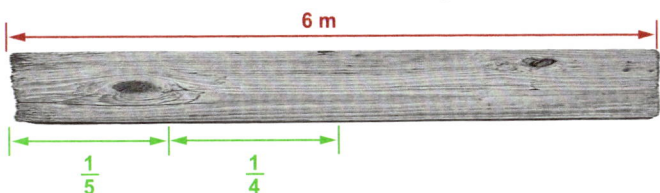

a Welchen Bruchteil der Länge hat das 3. Stück?

b Berechne die Länge der einzelnen Stücke in Zentimeter.

Vertiefe dein Wissen!

3 Brüche mit natürlichen Zahlen multiplizieren

Für eine Bowle braucht Tim laut Rezept einen $\frac{3}{4}$ Liter Orangensaft. Wie viele Liter Orangensaft braucht er für die 6-fache Menge?

WISSEN

- Um einen Bruch mit einer natürlichen Zahl zu **multiplizieren**, multipliziere den **Zähler** mit der Zahl, der Nenner bleibt unverändert.

- Überprüfe, ob du vor dem Multiplizieren **kürzen** kannst.

BEISPIEL

a Wie viele Liter Orangensaft braucht Tim für die 6-fache Menge an Bowle?

Lösung:

$$6 \cdot \frac{3}{4} = \frac{\cancel{6}^{\,3} \cdot 3}{\cancel{4}_{\,2}} = \frac{3 \cdot 3}{2}$$

$$= \frac{9}{2} = 4\frac{1}{2}$$

Multipliziere den **Zähler** mit der natürlichen Zahl.
Hier kannst du die 6 und die 4 mit 2 **kürzen**.
Wandle das Ergebnis in eine **gemischte Zahl** um.

Für die 6-fache Menge Bowle benötigt Tim $4\frac{1}{2}$ Liter Orangensaft.

b Die Klasse 6a besuchen 28 Schülerinnen und Schüler, davon sind $\frac{9}{14}$ Jungen. Wie viele Mädchen und Jungen sind in der Klasse?

Lösung:
Anzahl der Jungen:

$$\frac{9}{14} \cdot 28 = \frac{9 \cdot \cancel{28}^{\,2}}{\cancel{14}_{\,1}} = \frac{9 \cdot 2}{1} = 18$$

Das Wort „**von**" (oder „davon") bedeutet, dass du multiplizieren musst.

Es sind 18 Jungen und $28 - 18 = 10$ Mädchen in der Klasse.

78 Schreibe die zu den Zeichnungen passenden Multiplikationsaufgaben auf und berechne. Gib das Ergebnis als gemischte Zahl an.

a      **b**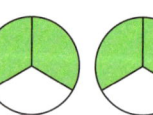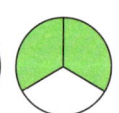

Vertiefe dein Wissen!

79 Berechne und gib das Ergebnis als gemischte Zahl an, falls möglich. Kürze vor dem Multiplizieren.

a $6 \cdot \dfrac{2}{15}$

b $12 \cdot \dfrac{5}{9}$

c $14 \cdot \dfrac{7}{10}$

d $\dfrac{5}{6} \cdot 20$

e $\dfrac{3}{4} \cdot 12$

f $\dfrac{6}{7} \cdot 8$

80 Berechne.

a $\dfrac{2}{5}$ von 70 km

b $\dfrac{3}{4}$ von 500 kg

c $\dfrac{5}{7}$ von 350 ℓ

d $\dfrac{4}{9}$ von 306 €

e $\dfrac{3}{8}$ von 120 t

f $\dfrac{5}{12}$ von 1 800 \$

81 Das Unternehmen Mainhart hat 246 Beschäftigte. 2 Drittel davon sind Frauen. Wie viele Männer und Frauen arbeiten in dem Betrieb?

82 Marie benötigt für 12 Muffins $\dfrac{1}{4}$ kg Mehl und $\dfrac{3}{8}$ ℓ Milch.
Wie viel Mehl und wie viel Milch benötigt Marie, wenn sie 36 Muffins backen möchte?

83 Vervollständige die Rechentabelle.

TIPP
Wandle die gemischten Zahlen in unechte Brüche um.

·	$1\frac{7}{8}$	$5\frac{3}{10}$	$6\frac{4}{7}$
2			
6			
8			

Vertiefe dein Wissen! ⟶

4   Brüche multiplizieren

An einer Schule nimmt der Sportplatz die Hälfte des Pausenhofes ein. Von der anderen Hälfte sind 2 Drittel mit Sitzmöglichkeiten, Bäumen und Wiese ausgestattet. Welchen **Bruchteil der gesamten Fläche** nimmt dieser Bereich ein?

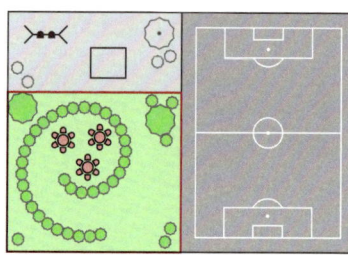

WISSEN

- Um 2 Bruchzahlen zu multiplizieren, multipliziere **Zähler mit Zähler** und **Nenner mit Nenner**.

- Überprüfe, ob du vor dem Multiplizieren **kürzen** kannst.

- Um **gemischte Zahlen** zu multiplizieren, musst du sie zuerst in unechte Brüche umwandeln.

BEISPIEL

a Welchen Bruchteil der gesamten Fläche des Pausenhofes nimmt der Sitzbereich ein?

Lösung:

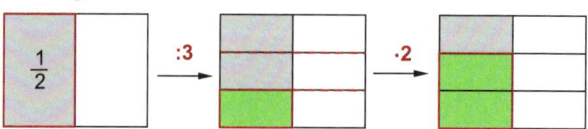

$$\frac{1}{2} \cdot \frac{2}{3} = \frac{1 \cdot 2}{2 \cdot 3} = \frac{2}{6} = \frac{1}{3}$$

Multipliziere **Zähler mit Zähler** und **Nenner mit Nenner**.

Der Sitzbereich nimmt 1 Drittel der Gesamtfläche ein.

b Berechne und stelle grafisch dar: $\frac{3}{4} \cdot \frac{2}{5}$

Lösung:

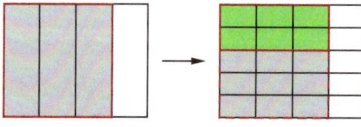

Markiere zuerst 3 Viertel.
Von diesen 3 Vierteln nimmst du 2 Fünftel.
Das sind 6 Zwanzigstel vom Ganzen.

$$\frac{3}{4} \cdot \frac{2}{5} = \frac{3 \cdot 2^1}{4_2 \cdot 5} = \frac{3}{10}$$

Multipliziere Zähler mit Zähler und Nenner mit Nenner.
Kürze vor dem Ausmultiplizieren.

84 Welche Multiplikationsaufgaben sind hier dargestellt?

a 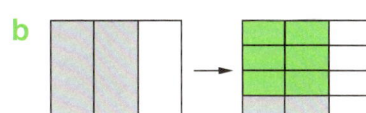 b

85 Multipliziere und löse auch grafisch.

a $\dfrac{2}{7} \cdot \dfrac{2}{3}$　　　　　　　b $\dfrac{3}{4} \cdot \dfrac{5}{6}$

86 Berechne das Produkt. Prüfe, ob du vor dem Multiplizieren kürzen kannst.

a $\dfrac{9}{11} \cdot \dfrac{4}{3}$　　　　　　　b $\dfrac{5}{6} \cdot \dfrac{3}{10}$

c $\dfrac{8}{9} \cdot \dfrac{36}{40}$　　　　　　　d $\dfrac{15}{14} \cdot \dfrac{2}{5}$

e $3\dfrac{3}{4} \cdot 5\dfrac{5}{9}$　　　　　　　f $8\dfrac{2}{5} \cdot 6\dfrac{1}{6}$

87 Löse die Aufgaben.

TIPP
„Übersetze"
mathematische
Begriffe in Re-
chenzeichen.

a Multipliziere 2 Fünftel mit 3 Achtel.

b Bilde das Produkt aus 4 Neunteln und 6 Elfteln.

c Die beiden Faktoren einer Multiplikation lauten 5 Sechstel und 7 Zehntel. Wie lautet das Ergebnis?

d Multipliziere 2 Drittel mit 9 Vierzehntel.

88 Bestimme die fehlenden Zähler bzw. Nenner.

a $\dfrac{4}{7} \cdot \dfrac{\text{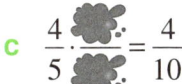}}{3} = \dfrac{8}{\text{●}}$　　　　b $\dfrac{7}{\text{●}} \cdot \dfrac{\text{●}}{5} = \dfrac{28}{45}$

c $\dfrac{4}{5} \cdot \dfrac{\text{●}}{\text{●}} = \dfrac{4}{10}$　　　　d $\dfrac{\text{●}}{\text{●}} \cdot \dfrac{3}{4} = \dfrac{15}{28}$

Vertiefe dein Wissen!

89 Multipliziere jeweils alle Brüche auf der Schlange. Denke daran, dass du kürzen kannst.

a

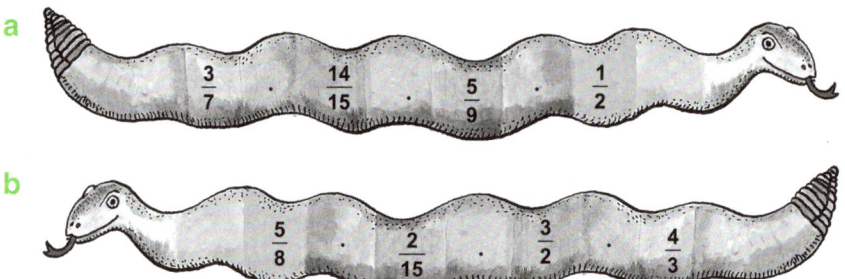

$$\frac{3}{7} \cdot \frac{14}{15} \cdot \frac{5}{9} \cdot \frac{1}{2}$$

b

$$\frac{5}{8} \cdot \frac{2}{15} \cdot \frac{3}{2} \cdot \frac{4}{3}$$

90 Hannes hat bei seinen Hausaufgaben Fehler gemacht. Kannst du ihm helfen?

a $\quad \dfrac{2}{9} \cdot \dfrac{4}{9} = \dfrac{8}{9}$

b $\quad \dfrac{4^2}{5} \cdot \dfrac{2^1}{7} = \dfrac{2}{35}$

91 Welche Aussagen stimmen? Kreuze an.

TIPP
*Das Wort „von"
bedeutet, dass
du multiplizieren
musst.*

☐ 2 Neuntel von 3 achtel Kilometern sind 1 zwölftel Kilometer.

☐ 4 Siebtel von 7 zwölftel Kilogramm Mehl sind 1 viertel Kilogramm Mehl.

☐ 4 Fünftel von 7 achtel Tonnen Granit sind 700 Kilogramm Granit.

☐ 6 Siebtel von 14 fünfzehntel Kilometern sind 750 Meter.

92 Selma benötigt $\frac{2}{5}$ des Öls für Salate, die sie für ein Sommerfest zubereitet.

a Wie viel Liter braucht Selma?

b Wie viel Liter sind dann noch in der Flasche?

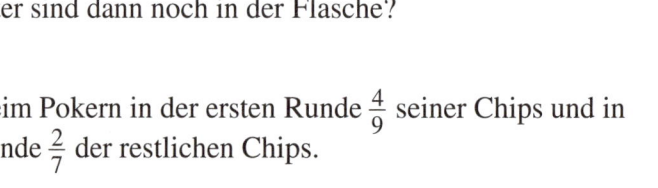

93 Paul verliert beim Pokern in der ersten Runde $\frac{4}{9}$ seiner Chips und in der zweiten Runde $\frac{2}{7}$ der restlichen Chips.

a Welchen Anteil der gesamten Chips hat er in der 2. Runde verloren?

b Zu Beginn hatte er 63 Chips. Wie viele Chips hat er jetzt noch?

94 Multipliziere die Summe der Zahlen $1\frac{3}{4}$ und $5\frac{2}{3}$ mit der Differenz aus $3\frac{1}{2}$ und $2\frac{5}{6}$.

5 Brüche durch natürliche Zahlen dividieren

Svenja **verteilt** $\frac{3}{4}$ Liter Saft gerecht auf 3 Gläser.
Wie viele Liter sind in jedem Glas?

WISSEN

- Um einen Bruch durch eine natürliche Zahl zu **dividieren**, multipliziere den **Nenner** mit der natürlichen Zahl.

- Überprüfe, ob du vor dem Rechnen **kürzen** kannst.

BEISPIEL

Wie viele Liter sind in einem Glas?

Lösung:

$$\frac{3}{4} : 3 = \frac{3^{\,1}}{4 \cdot 3_{\,1}} = \frac{1}{4}$$

Multipliziere den **Nenner** mit der natürlichen Zahl.

In einem Glas ist $\frac{1}{4}$ Liter Saft.

---

95 Löse im Kopf.

a $\frac{4}{5} : 2$ b $\frac{9}{11} : 3$

c $\frac{1}{5} : 4$ d $\frac{5}{8} : 7$

---

96 Berechne. Wandle die gemischten Zahlen zuerst in unechte Brüche um.

a $4\frac{2}{3} : 7$ b $6\frac{4}{6} : 5$

c $4\frac{1}{3} : 8$ d $3\frac{2}{5} : 6$

97 Leila, Jonas, Maxi und Dani wollen ihre Süßigkeiten gerecht aufteilen. Dazu haben sie ihre gesamten Vorräte zusammengelegt und auf der Küchenwaage gewogen. Sie fragen sich jetzt, wie viel jeder von den einzelnen Süßigkeiten bekommt.

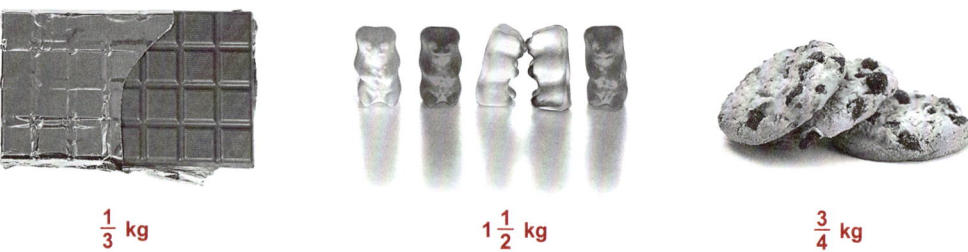

$\frac{1}{3}$ kg $1\frac{1}{2}$ kg $\frac{3}{4}$ kg

98 Ricarda teilt $\frac{2}{5}$ Liter Saft auf 4 Becher auf. Sie mischt anschließend in jeden Becher $\frac{4}{10}$ Liter Wasser. Wie viel Flüssigkeit befindet sich jetzt jeweils in den Bechern?

6 Brüche dividieren

Jetzt **verteilt** Svenja einen Liter Saft auf Gläser, die jeweils $\frac{1}{5}$ Liter fassen. Wie viele Gläser kann sie füllen?

WISSEN

- Um eine Zahl durch einen Bruch zu **dividieren**, **multipliziere** die Zahl mit dem **Kehrwert** des Bruchs.
- Den **Kehrwert** eines Bruchs erhältst du, indem du Zähler und Nenner **vertauschst**.
- **Gemischte Zahlen** musst du zuerst in unechte Brüche **umwandeln**.
- Überprüfe, ob du vor dem Multiplizieren **kürzen** kannst.

BEISPIEL

a Wie viele Gläser kann Svenja füllen?

Lösung:

$1 : \frac{1}{5} = 1 \cdot \frac{5}{1} = 5$ Der Kehrwert von $\frac{1}{5}$ ist $\frac{5}{1}$.

Svenja kann 5 Gläser füllen.

b Berechne: $\dfrac{7}{8} : \dfrac{3}{4}$

Lösung:

$$\frac{7}{8} : \frac{3}{4} = \frac{7}{8} \cdot \frac{4}{3} = \frac{7 \cdot 4^{\,1}}{8_{\,2} \cdot 3} = \frac{7}{6} = 1\frac{1}{6}$$

Der Kehrwert von $\frac{3}{4}$ ist $\frac{4}{3}$.
Kürze vor dem Multiplizieren.

99 Ergänze die fehlenden Werte in der Tabelle.

Bruch	$\frac{2}{7}$		$\frac{5}{9}$		$\frac{11}{12}$		$\frac{17}{5}$		6	
Kehrwert		$\frac{3}{2}$		$\frac{6}{5}$		$\frac{3}{10}$		$\frac{8}{3}$		$\frac{1}{11}$

100 Dividiere die Bruchzahlen.

a $\dfrac{12}{14} : \dfrac{4}{7}$

b $\dfrac{8}{9} : \dfrac{2}{3}$

c $\dfrac{6}{5} : \dfrac{3}{10}$

d $\dfrac{7}{30} : \dfrac{5}{18}$

101 Berechne das Ergebnis.

a $7\dfrac{5}{6} : 2\dfrac{2}{3}$

b $10\dfrac{1}{5} : 4\dfrac{1}{4}$

c $3\dfrac{1}{7} : 1\dfrac{1}{3}$

d $4\dfrac{2}{3} : 9\dfrac{1}{3}$

102 Ein Bioladen bekommt $8\dfrac{3}{8}$ kg echten grünen Bio-Tee aus Japan geliefert. Der Tee wird in Päckchen zu je $\dfrac{1}{4}$ kg abgefüllt. Wie viele Päckchen können gefüllt werden?

103 Der Hund von Hannah frisst jeden Tag $\dfrac{1}{5}$ kg Kraftfutter. Sie hat einen 25-kg-Sack Futter zu Hause. Reicht der Sack für 4 Monate?

104 Löse die Aufgaben.

TIPP
Achte auf die Punkt-vor-Strich-Regel.

a Addiere $\dfrac{4}{5}$ zum Quotienten aus $\dfrac{2}{3}$ und $\dfrac{4}{5}$.

b Subtrahiere vom Quotienten aus $\dfrac{3}{8}$ und $1\dfrac{1}{2}$ das Produkt der Zahlen $\dfrac{1}{8}$ und $\dfrac{4}{7}$.

Vertiefe dein Wissen!

Im Wilden Westen – Vermischte Aufgaben

105 Cowgirl Jane treibt die Kühe auf die Weide. Welche Rechnung gehört zu welcher Kuh?

$$\frac{2}{3} \cdot 4 \qquad 2\frac{1}{2} + 1\frac{1}{4}$$

$$\frac{9}{2} \cdot 2\frac{5}{6} \qquad \frac{2}{3} \cdot \frac{5}{6}$$

$$8 : \frac{4}{7} \qquad \frac{7}{10} - \frac{1}{3}$$

$$\frac{13}{15} : \frac{4}{5} \qquad 3 \cdot \frac{1}{2} - 4 \cdot \frac{1}{4}$$

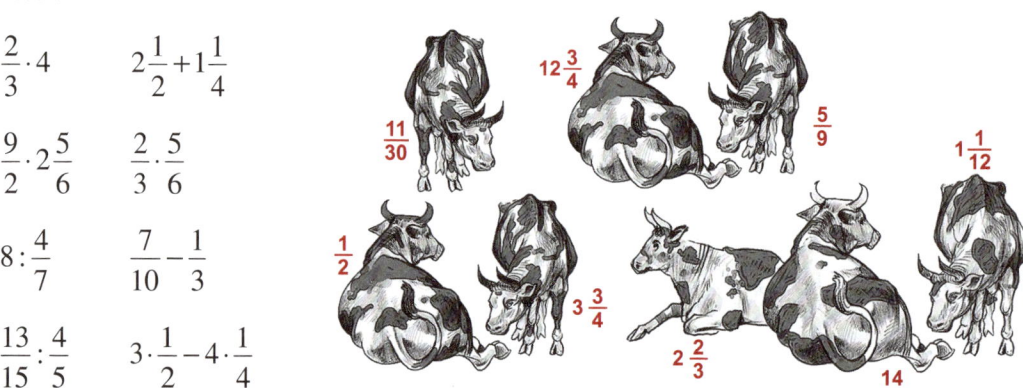

106 Sheriff Joe löst einige Aufgaben zur Bruchrechnung. Leider hat er sich bei 2 Aufgaben verrechnet. Kannst du ihm helfen?

TIPP
Aus Differenzen und Summen kürzen nur die Dummen.

a $\quad \dfrac{\cancel{4}^{2}}{5} + \dfrac{1}{\cancel{6}_{3}} = \dfrac{2}{5} + \dfrac{1}{3} = \dfrac{6}{15} + \dfrac{5}{15} = \dfrac{11}{15}$

b $\quad \dfrac{1}{6} + \dfrac{1}{6} \cdot \dfrac{3}{7} = \dfrac{2}{6} \cdot \dfrac{3}{7} = \dfrac{\cancel{2}^{1} \cdot \cancel{3}^{1}}{\cancel{6}_{1} \cdot 7} = \dfrac{1}{7}$

107 Beim Hufeisenwerfen gingen einige Hufeisen daneben. Welche Zahlen sind verdeckt?

$$\frac{7}{8} - \boxed{} = \frac{3}{8}$$

$$\frac{4}{\boxed{}} : \frac{1}{4} = 1\frac{7}{9}$$

$$\frac{3}{4} + \frac{\boxed{}}{3} - \frac{5}{6} = \frac{7}{12}$$

$$\frac{3}{4} : \frac{3}{5} + \boxed{} = 3\frac{1}{4}$$

$$\frac{1}{3} \cdot \frac{2}{9} + \frac{\boxed{}}{9} = \frac{26}{27}$$

108 Beim großen Square-Dance-Festival steht für jeden der 345 Gäste ein Viertelliter eines Willkommensgetränks bereit. Die Drinks werden aus Krügen zu eineinhalb Litern ausgeschenkt. Wie viele dieser Krüge werden mindestens benötigt?

 Vertiefe dein Wissen!

40 Minuten

Test 3

1 Vervollständige die Darstellung und die Rechnung.

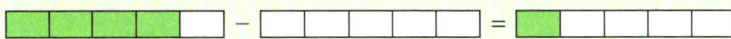

——   ——   ——

____ von 1

2 Berechne das Ergebnis.

a $\dfrac{5}{9} + \dfrac{7}{12} =$ **b** $\dfrac{2}{3} - \dfrac{5}{8} =$

____ von 2

3 Für eine Brücke wird ein Pfahl in einen Fluss gerammt. Wie lang ist der Teil, der aus dem Wasser herausragt, wenn der gesamte Pfahl 6 m lang ist?

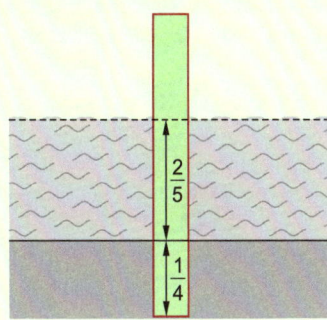

____ von 3

4 Berechne. Überprüfe, ob du vor dem Multiplizieren kürzen kannst.

a $\dfrac{8}{9} \cdot \dfrac{36}{40} =$ **b** $\dfrac{7}{25} \cdot \dfrac{15}{28} =$

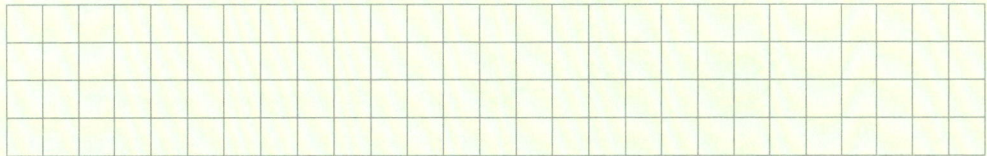

____ von 4

Teste dein Wissen!

5 Der Hausmeister Herr Schwarz verkauft in der ersten Pause $\frac{9}{14}$ von 210 Kakao-
päckchen zu je $\frac{1}{4}$ Liter.

    a Wie viele Kakaopäckchen hat er für die zweite Pause noch übrig?

    b Wie viele Liter Kakao hat er in der ersten Pause verkauft?

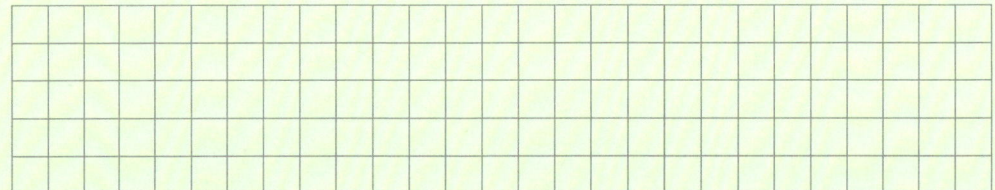

___ von 4

6 Löse die Aufgaben.

    a $\frac{5}{8} : 3 =$ **b** $2\frac{3}{5} : 12 =$

___ von 2

7 Ergänze den Rechenbaum.

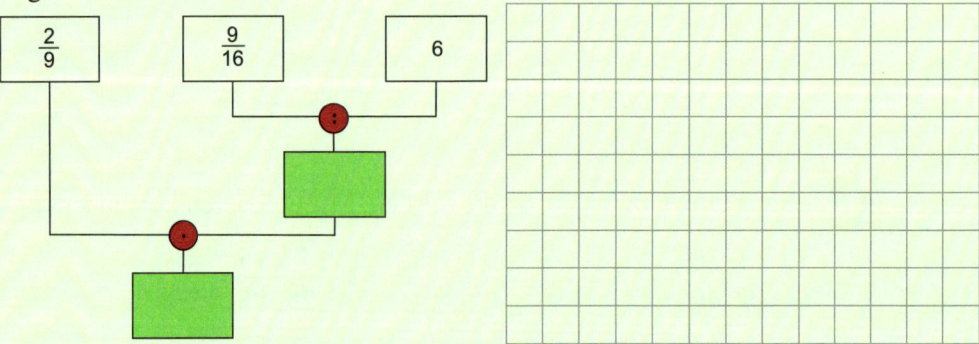

___ von 2

| 18 bis 13 | 12,5 bis 6 | 5,5 bis 0 |

So lange habe ich gebraucht: _____

So viele Punkte habe ich erreicht: _____

Teste dein Wissen!

40 Minuten

Test 4

1 Fülle die Lücken in den Rechenbäumen.

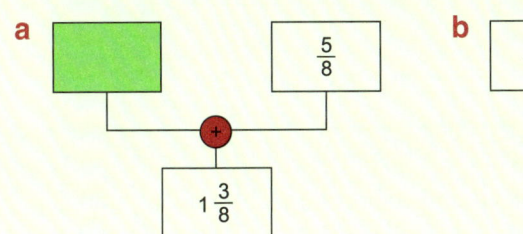

a

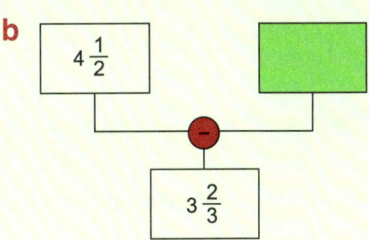

b

____ von 2

2 In einer Klasse haben 1 Viertel der Schüler Vorfahren aus Deutschland, 3 Achtel kommen ursprünglich aus der Türkei und der Rest hat Vorfahren aus Italien. Welchen Anteil bilden die Schüler mit italienischen Vorfahren?

____ von 2

3 Der alte MacMutton hat 240 Tiere auf seiner Farm. 1 Drittel davon sind Ziegen, 1 Sechstel sind Pferde. 3 Achtel der Tiere sind Schafe und 1 Zwölftel sind Schweine. Der Rest sind gleich viele Enten und Hasen. Gib an, wie viele Tiere MacMutton von jeder Art hat.

____ von 3

4 Berechne $\frac{3}{10} \cdot \frac{1}{2} \cdot \frac{5}{6}$. Überprüfe, ob du vor dem Multiplizieren kürzen kannst.

____ von 2

Teste dein Wissen!

5 Welcher Bruchteil ist gesucht?

a $\dfrac{2}{9}$ von $\dfrac{6}{7}$ km   **b** $\dfrac{4}{7}$ von $\dfrac{7}{12}$ kg

____ von 2

6 Berechne die Differenz aus dem Produkt von $12\dfrac{1}{3}$ und $1\dfrac{1}{2}$ und der Summe von $2\dfrac{4}{7}$ und $3\dfrac{1}{2}$.

____ von 3

7 Löse die Aufgaben.

a $\dfrac{2}{9} : \dfrac{3}{5} =$ **b** $1\dfrac{5}{8} : \dfrac{3}{4} =$

____ von 2

8 Simon hat bei seinen Hausaufgaben einen Fehler gemacht.
Kannst du ihn finden, verbessern und erklären?

$$\left(\dfrac{2}{5} + \dfrac{1}{10}\right) \cdot \dfrac{1}{3} = \left(\dfrac{1}{5} + \dfrac{1}{5}\right) \cdot \dfrac{1}{3} = \dfrac{2}{5} \cdot \dfrac{1}{3} = \dfrac{2}{15}$$

____ von 2

| 18 bis 13 | 12,5 bis 6 | 5,5 bis 0 |

So lange habe ich gebraucht: _____

So viele Punkte habe ich erreicht: _____

Teste dein Wissen!

Grundlagen der Dezimalbrüche

K 	G 	A 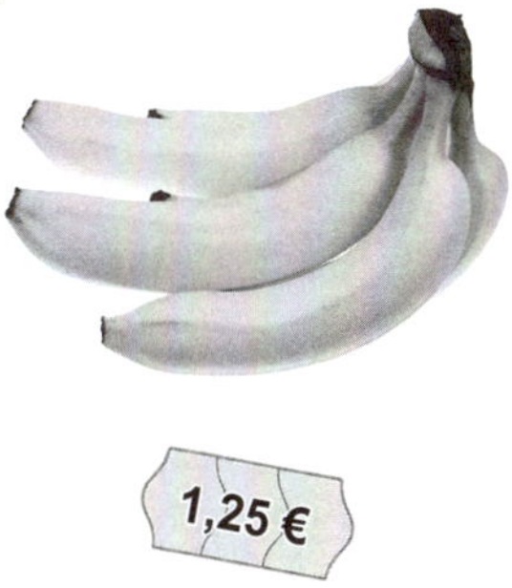
149,99 €	12,50 €	1,25 €
U 	**F** 	**S** 
16,50 €	14,50 €	34,47 €
C 	**E** 	**N** 
0,09 €	199,99 €	2,00 €

Streiche die Preise durch, die nicht stimmen können. Die übrigen Buchstaben ergeben ein Lösungswort.

☐ ☐ ☐ ☐ ☐ ☐ ☐

Vertiefe dein Wissen!

1 Definition und Darstellung

Kommazahlen sind dir im Zusammenhang mit Geldbeträgen sicher schon oft begegnet. Du weißt z. B.: 100 ct = 1,00 € und 238 ct = 2,38 €.

WISSEN

Zahlen mit einem Komma nennt man **Dezimalbrüche** oder **Dezimalzahlen**.

- Die Stellen nach dem Komma heißen **Dezimalen** oder **Dezimalstellen**. Die 1. Stelle nach dem Komma bezeichnet man als **Zehntel** $\frac{1}{10}$ (z), die 2. als **Hundertstel** $\frac{1}{100}$ (h), die 3. als **Tausendstel** $\frac{1}{1000}$ (t) usw.

- Dezimalbrüche können in einer (nach rechts erweiterten) **Stellenwerttafel** oder am **Zahlenstrahl** dargestellt werden.

BEISPIEL

a Stelle die Zahl 3,42 in einer Stellenwerttafel und am Zahlenstrahl dar.

Lösung:

- Stellenwerttafel:

Z	E	,	z	h
	3		4	2

Sprich: drei Komma vier zwei

- Zahlenstrahl:

Der Bereich von 3,4 bis 3,5 ist in **10 gleich große Teile** zerlegt. Ein Teilstrich entspricht also 0,01.

b Schreibe 8 Z, 2 E, 3 h, 6 t als Dezimalbruch.

Lösung:
82,036

Die Zahl besteht aus 8 Zehnern, 2 Einern, **0 Zehnteln**, 3 Hundertsteln und 6 Tausendsteln.

---

109 Schreibe als Dezimalbruch.

a dreihundertfünf – Komma – null – drei – zwei

b zweihundertachtzehn – Komma – eins – neun

c dreizehn – Komma – sieben – null – acht – vier

Vertiefe dein Wissen!

110 Ergänze die Tabelle.

Münzen	Euro/Cent	Stellenwerttafel				Dezimalbruch
		E	,	z	h	
	1 € 24 ct	1		2	4	1,24 €

111 Gib den Dezimalbruch an.

a 4 E 8 z 5 h   **b** 4 E 8 z 5 t

c 7 H 6 Z 9 E 3 z 9 h 5 t   **d** 2 E 8 h 9 t

112 Schreibe in der Stellenschreibweise.

a 54,119   **b** 50,004

c 103,021   **d** 0,28

113 Setze das Komma jeweils an die richtige Stelle.

TIPP
1 km hat
1 000 m.

a 35 897 dm = 3 5 8 9 7 m   **b** 8 321 cm = 8 3 2 1 m

c 0,278 m = 0 2 7 8 dm   **d** 0,5235 km = 0 5 2 3 5 m

e 56 050 m = 5 6 0 5 0 km   **f** 4,722 m = 4 7 2 2 cm

Vertiefe dein Wissen!

114 Ergänze die fehlenden Darstellungen in der Stellenwerttafel.

	Z	E	,	z	h	t	Dezimalbruch
a	••••	•••••		•••	••	•••••••	45,327
b		••			•••	•	
c							11,032
d				••••			
e							0,324

115 Stelle die Zahlen in einer geeigneten Stellenwerttafel dar.

a 8,65   b 10,2

c 0,09   d 23,405

116 Moritz soll die folgenden Strecken abmessen. Markiere die Zahlen am Lineal.

1,1 cm   0,5 cm   3,4 cm   4,9 cm   7,2 cm   5,8 cm   0,3 dm   1,19 dm

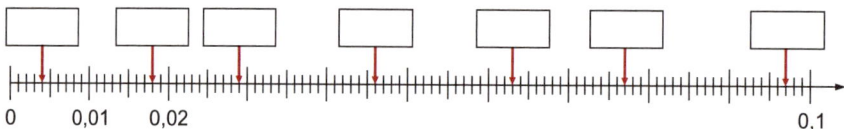

1,1 cm

117 Verbinde die Dezimalbrüche mit der richtigen Stelle am Zahlenstrahl.

TIPP
Überlege, wie viel ein Strich entspricht.

0,05   0,28   0,37   0,56   0,72   0,83   0,99   1,07   1,24   1,36   1,45

0   0,5   1   1,5

118 Trage die fehlenden Dezimalbrüche ein.

0   0,01   0,02   0,1

119 Zeichne jeweils einen geeigneten Zahlenstrahl und trage die Werte ein.

a 3,4   3,8   3,6   3,1   b 0,05   0,1   0,45   0,25

 Vertiefe dein Wissen!

2 Dezimalbrüche vergleichen und ordnen

Größen musst du im Alltag immer wieder vergleichen:
Claire ist mit 3,52 m **weiter** gesprungen als Tom,
der 3,48 m geschafft hat.
Theo ist die 50 m in 8,01 s **schneller** gelaufen als
Tina, die 8,69 s gebraucht hat.

WISSEN

- Um Dezimalbrüche zu vergleichen, musst du, wie bei den natürlichen Zahlen, die Stellenwerte **von links nach rechts** vergleichen. Der erste Stellenwert, an dem sich die Ziffern unterscheiden, bestimmt, welche Zahl größer ist.

- Du kannst Dezimalbrüche auch mithilfe eines **Zahlenstrahls** vergleichen: Die Zahl, die am Zahlenstrahl weiter links steht, ist kleiner.

BEISPIEL

Vergleiche die Zahlen 7,02 und 7,022.

Lösung:
$7,02\mathbf{0} < 7,02\mathbf{2}$

Zum besseren Vergleich, kannst du bei Dezimalbrüchen beliebig viele **Endnullen** anhängen oder weglassen. Der Wert der Zahl ändert sich dabei nicht. **0** ist kleiner als **2**, also ist 7,02 kleiner als 7,022.

120 Welche Nullen kannst du weglassen, ohne dass sich der Wert des Dezimalbruchs verändert? Streiche sie.

a 7,52000   **b** 0,077000

c 18,010100   **d** 8 005,0850

e 40,908000   **f** 0,0400300

121 Setze ein: **<, >** oder **=**?

a 2,045 ⬚ 2,405   **b** 1,275 ⬚ 2,125

c 8,08 ⬚ 8,008   **d** 25,631 ⬚ 25,63

e 9,997 ⬚ 99,79   **f** 0,017 ⬚ 0,0170

Vertiefe dein Wissen!

122 Ordne die Dezimalbrüche der Größe nach. Beginne mit der größten Zahl und du erhältst einen Lösungssatz.

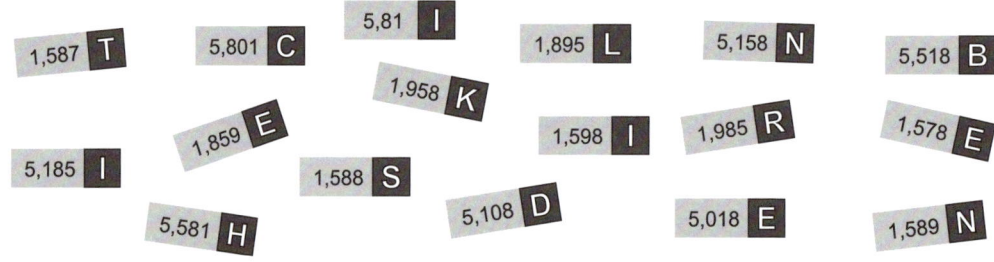

1,587 T   5,801 C   5,81 I   1,895 L   5,158 N   5,518 B

1,958 K   1,598 I   1,985 R   1,578 E

1,859 E   5,185 I   1,588 S   5,108 D   5,018 E   1,589 N

5,581 H

Lösungssatz: I □ □   B □ □   D □ □   K □ □ □ □ □ □

123 Finde mindestens 2 Zahlen, die zwischen den beiden angegebenen Dezimalbrüchen liegen.

TIPP
Hänge ggf. Endnullen an.

a 1,1 und 1,4   **b** 0,05 und 0,5

c 2,8 und 2,9   **d** 3,09 und 3,1

124 Ordne die Zahlen der Größe nach, indem du sie auf dem Zahlenstrahl einträgst.

0,44   1,88   2,98   2,4   0,12   1,3

0   1   2   3

125 Auf den Tafeln findest du die Ergebnisse im 50-m-Lauf und im Hochsprung der Bundesjugendspiele an der Heinrich-Heine-Schule. Erstelle jeweils eine geordnete Ergebnisliste.

a

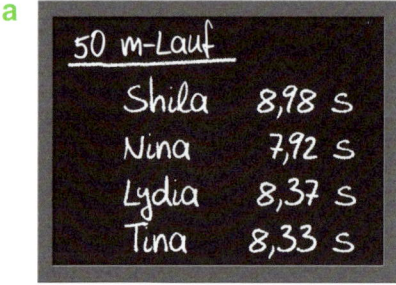

50 m-Lauf

Shila	8,98 s
Nina	7,92 s
Lydia	8,37 s
Tina	8,33 s

b

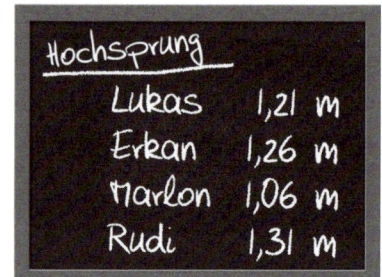

Hochsprung

Lukas	1,21 m
Erkan	1,26 m
Marlon	1,06 m
Rudi	1,31 m

Vertiefe dein Wissen!

3 Dezimalbrüche runden

*1 kg Karotten kostet 2,29 €.
2,5 · 2,29 € = 5,725 €*

Chiara macht ein Praktikum in einem Supermarkt.
Sie soll je 2,5 kg frische Karotten bündeln und den Preis
auf die Verpackung kleben. Da Geldbeträge immer auf
2 Stellen nach dem Komma angegeben werden, muss sie
den Preis runden.

WISSEN

Dezimalbrüche werden wie natürliche Zahlen gerundet: Die Zahl **rechts von der Stelle**, auf die gerundet werden soll, gibt an, ob auf- oder abgerundet wird:

- Bei 0, 1, 2, 3 oder 4 wird **abgerundet**. Die Stelle, auf die gerundet wird, bleibt gleich, alle Stellen danach werden durch Nullen ersetzt (oder können evtl. entfallen).

- Bei 5, 6, 7, 8 oder 9 wird **aufgerundet**. Die Stelle, auf die gerundet wird, wird um 1 erhöht, alle Stellen danach werden durch Nullen ersetzt (oder können evtl. entfallen).

BEISPIEL

a Runde die folgenden Dezimalbrüche auf eine Stelle nach dem Komma:
6,54   0,45   2,97

Lösung:

- $6{,}\mathbf{54} \approx 6{,}50 = 6{,}5$

  Bei 4 wird **abgerundet**. Die Endnull kannst du weglassen.

- $0{,}\mathbf{45} \approx 0{,}50 = 0{,}5$

  Bei 5 wird **aufgerundet**. Die Endnull kannst du weglassen.

- $2{,}\mathbf{97} \approx 3{,}00 = 3{,}0$

  Wird eine 9 aufgerundet, ändert sich auch die Stelle **links** davon.
  Wenn du auf **eine Stelle nach dem Komma** runden sollst, musst du auch immer eine Stelle nach dem Komma angeben. Du kannst hier nur eine Endnull weglassen.

b Wie viel kosten die Karotten?

Lösung:
$5{,}72\mathbf{5}\ € \approx 5{,}73\ €$

Geldbeträge werden immer mit **2 Stellen** nach dem Komma angegeben.

Vertiefe dein Wissen! ——

126 Wurde auf- (↑) oder abgerundet (↓)?

a $2,173 \approx 2,17$

b $12,089 \approx 12,09$

c $722,95 \approx 723$

d $0,8917 \approx 0,89$

e $56,512 \approx 56,51$

f $123,892 \approx 123,9$

g $0,0258 \approx 0,026$

h $1\,875,432 \approx 1\,880$

127 Runde auf Zehntel.

a $3,67 \approx$

b $27,92 \approx$

c $48,97 \approx$

d $0,987 \approx$

128 Runde auf Hundertstel.

a $0,834 \approx$

b $2,5765 \approx$

c $67,999 \approx$

d $13,989 \approx$

129 Welche Dezimalbrüche ergeben beim Runden auf Hundertstel 3,95? Gib mindestens 4 verschiedene Zahlen an.

130 Wie lautet die kleinstmögliche bzw. die größtmögliche Zahl, die jeweils eine Dezimalstelle mehr hat und die beim Runden das angegebene Ergebnis aufweist?

a ☐ → 3,7 ← ☐

b ☐ → 5,04 ← ☐

c ☐ → 6,95 ← ☐

d ☐ → 0,008 ← ☐

131 Runde auf ganze Liter.

TIPP
$1\,\ell = 1\,000\,m\ell$
$1\,h\ell = 100\,\ell$

a $17,895\,\ell \approx$

b $3,45\,\ell \approx$

c $2,6\,\ell \approx$

d $33,95\,\ell \approx$

e $3\,058,6\,m\ell \approx$

f $489,569\,h\ell \approx$

Vertiefe dein Wissen!

132 Runde sinnvoll.

a 1,581 € ≈

b 12,987 € ≈

c 5,2851 € ≈

d 3,19851 € ≈

e 251,084 € ≈

f 391,029 € ≈

133 In den Vereinigten Staaten wird Benzin nicht in Litern, sondern in Gallonen verkauft. Eine Gallone Benzin entspricht 3,785411784 ℓ.
Runde auf …

a 1 Dezimalstelle.

b 3 Dezimalstellen.

134 In der folgenden Tabelle ist die Bevölkerungszahl verschiedener Städte auf 0,1 Millionen genau angegeben. Wie viele Leute wohnen maximal, wie viele Leute wohnen mindestens in den Städten?

TIPP
Schreibe die Zahlen aus.

	mindestens	gerundete Zahl	maximal
Hamburg		1,8 Millionen	
Berlin		3,5 Millionen	
London		8,2 Millionen	
Moskau		12,0 Millionen	

135 Erdöl wird nicht in Litern, sondern in Barrel (Fass) gehandelt.
Runde ein Barrel auf …

a ganze Liter.

b zehntel Liter.

c hundertstel Liter.

d Milliliter.

e Überlege: Sind 9 Dezimalstellen unsinnige Genauigkeit oder durchaus sinnvoll? Bedenke, dass täglich rund 40 Millionen Barrel Erdöl gefördert werden.

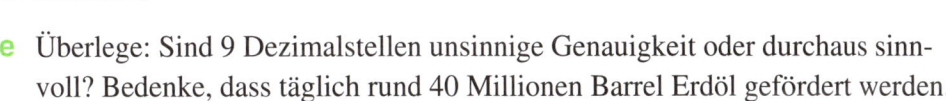

Vertiefe dein Wissen!

4 Vom Bruch zum Dezimalbruch

Wenn du Brüche und Dezimalbrüche am **Zahlenstrahl** einzeichnest, erkennst du, dass es Brüche und Dezimalbrüche gibt, die den gleichen Wert haben:

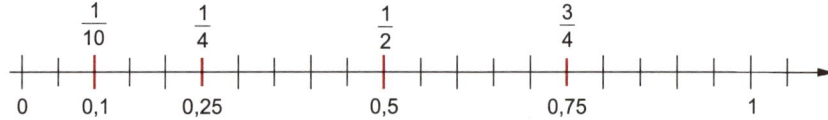

WISSEN

Einen Bruch mit einer **Stufenzahl im Nenner** (10, 100, 1 000, …) kannst du als Dezimalbruch schreiben.

- Die Ziffern des **Zählers** geben dir den Dezimalbruch an.

- Der Dezimalbruch hat so viele Stellen nach dem Komma wie der Bruch **Nullen im Nenner** hat.

- Das **Komma** trennt die Ganzen von den Bruchteilen.

BEISPIEL

a Schreibe die Brüche als Dezimalbrüche: $\dfrac{1}{10}$ $\qquad \dfrac{2}{1\,000}$ $\qquad 5\dfrac{27}{100}$

Lösung:

- $\dfrac{1}{10} = 0,\mathbf{1}$

  Der Bruch hat im Nenner **eine Null**, der Dezimalbruch hat deshalb eine Stelle nach dem Komma.

- $\dfrac{2}{1\,\mathbf{000}} = 0,\mathbf{00}2$

  Der Dezimalbruch muss 3 Stellen nach dem Komma haben, **ergänze** daher 2 Nullen.

- $5\dfrac{27}{100} = \mathbf{5},27$

  Die **Ganzen** stehen **vor** dem Komma, der Zähler bildet die Dezimalstellen.

b Schreibe die Dezimalbrüche als Brüche: 0,3   0,01   4,075

Lösung:

- $0,3 = \dfrac{3}{\mathbf{10}}$

  Schreibe die Dezimalstellen als Zähler. Der Dezimalbruch hat eine Stelle nach dem Komma, also steht im Nenner **eine Null**.

- $0,\mathbf{01} = \dfrac{1}{\mathbf{100}}$

  Der Dezimalbruch hat 2 Stellen nach dem Komma, im Nenner stehen also **2 Nullen**.

- $\mathbf{4},075 = 4\dfrac{75}{1\,000}$

  Die Zahl **vor** dem Komma gibt die **Ganzen** an, die Ziffern nach dem Komma den Zähler.

136 Schreibe als Dezimalbruch.

a $\dfrac{7}{10}$ b $\dfrac{73}{100}$

c $\dfrac{44}{1\,000}$ d $6\dfrac{87}{100}$

e $1\dfrac{95}{1\,000}$ f $\dfrac{9\,261}{100}$

137 Immer 3 Zahlen gehören zusammen. Verbinde sie.

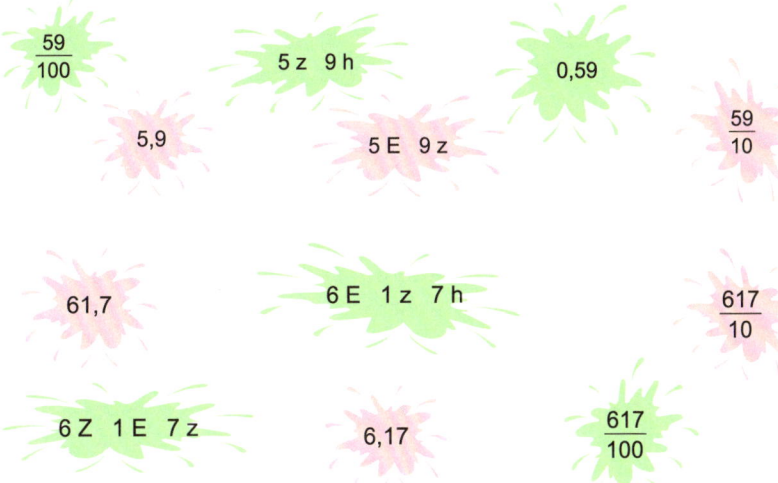

138 Wandle die Dezimalbrüche in Brüche um.

a 0,3   b 0,99

c 0,07   d 0,203

e 1,7   f 9,079

— **WISSEN** —

Willst du Brüche, die keine Stufenzahl im Nenner haben, als Dezimalbrüche schreiben, musst du sie auf eine Stufenzahl **erweitern** oder **kürzen**.

Vertiefe dein Wissen!

Schreibe als Dezimalbruch: $\frac{1}{2}$ $\frac{1}{4}$ $\frac{3}{8}$

Lösung:

■ $\frac{1}{2} = \frac{5}{10} = 0,5$ Hier kannst du **auf Zehntel** erweitern.

■ $\frac{1}{4} = \frac{25}{100} = 0,25$ Hier kannst du **auf Hundertstel** erweitern.

■ $\frac{3}{8} = \frac{375}{1\,000} = 0,375$ Hier kannst du **auf Tausendstel** erweitern.

139 Fülle die Tabelle aus.

Bruch	erweitern auf Zehntel oder Hundertstel	Dezimalbruch
$\frac{1}{5}$		
$\frac{1}{2}$		
$\frac{3}{5}$		
$\frac{3}{4}$		
$\frac{3}{25}$		
$\frac{51}{20}$		

140 Erweitere auf den Nenner 1 000 und schreibe als Dezimalbruch.

a $\frac{5}{8}$ b $\frac{7}{8}$

c $\frac{19}{40}$ d $\frac{77}{125}$

141 Kürze und schreibe als Dezimalbruch.

a $\frac{28}{40}$ b $\frac{24}{30}$

c $\frac{64}{20}$ d $\frac{55}{50}$

Vertiefe dein Wissen!

142 Finde zu jedem Bruch den passenden Dezimalbruch.
Wie lautet das Lösungswort?

$\dfrac{7}{4}$ $\dfrac{8}{40}$ $\dfrac{21}{70}$ $\dfrac{18}{12}$ $\dfrac{7}{20}$

$\dfrac{7}{10}$ $\dfrac{31}{25}$ $\dfrac{3}{5}$ $\dfrac{11}{8}$ $\dfrac{9}{25}$

Lösungswort: ☐☐☐☐☐☐☐☐☐☐

143 Schreibe die Dezimalbrüche als vollständig gekürzte Brüche.

a 0,4

b 0,25

c 0,08

d 0,016

WISSEN

Nicht alle Brüche lassen sich so erweitern oder kürzen, dass im Nenner eine Stufenzahl steht. In diesem Fall musst du den **Zähler durch den Nenner dividieren**. Du erhältst einen Dezimalbruch, der eine immer **wiederkehrende Ziffernfolge** aufweist. Man nennt solche Dezimalbrüche **periodische Dezimalbrüche**.

BEISPIEL

Schreibe $\dfrac{2}{3}$ als Dezimalbruch.

Lösung:

$2 : 3 = \mathbf{0},66\ldots$
$\underline{0}$
$\;2\mathbf{0}$
$\underline{18}$
$\;\;\overline{2}\mathbf{0}$
$\;\;\underline{18}$
$\;\;\;\;2$

$\dfrac{2}{3} = 0,\overline{6}$

$\dfrac{2}{3} = 2 : 3$

Die 3 geht **0-mal** in die 2, schreibe daher im Ergebnis 0 und **setze ein Komma**.
Hänge hier eine **0** an und rechne wie gewohnt.
Die Dezimalstelle 6 wiederholt sich immer wieder.

Die sich wiederholende Dezimalstellen werden mit einem **waagrechten Strich** gekennzeichnet. Man spricht: null Komma Periode sechs.

Vertiefe dein Wissen!

144 Schreibe als periodische Dezimalbrüche.

a $\dfrac{1}{3}$ b $\dfrac{4}{9}$

c $\dfrac{5}{11}$ d $\dfrac{10}{33}$

145 Berechne jeweils 4 Dezimalstellen und entscheide dann, ob es sich um einen periodischen Dezimalbruch handelt.

TIPP
Die Periode muss nicht an der 1. Stelle beginnen.

a $\dfrac{5}{6}$ b $\dfrac{5}{16}$

c $\dfrac{7}{9}$ d $\dfrac{11}{12}$

146 Kreuze wahre Aussagen an.

                            wahr   falsch

a Zu dem Bruch $\dfrac{7}{8}$ gehört der Dezimalbruch $0,\overline{875}$.   ☐   ☐

b Der Bruch $\dfrac{5}{9}$ ist periodisch.   ☐   ☐

c Dividiert man 3 durch 16 erhält man einen periodischen Dezimalbruch.   ☐   ☐

d Der Bruch $\dfrac{9}{12}$ ist nicht periodisch.   ☐   ☐

e Zu dem Bruch $\dfrac{1}{6}$ gehört der Dezimalbruch $0,1\overline{6}$.   ☐   ☐

WISSEN

Die folgenden Umwandlungen brauchst du häufig. Lerne sie am besten **auswendig**.

$\dfrac{1}{2} = 0{,}5$	$\dfrac{1}{10} = 0{,}1$	$\dfrac{1}{8} = 0{,}125$	$\dfrac{1}{3} = 0{,}\overline{3}$
$\dfrac{1}{4} = 0{,}25$	$\dfrac{1}{5} = 0{,}2$	$\dfrac{3}{8} = 0{,}375$	$\dfrac{2}{3} = 0{,}\overline{6}$
$\dfrac{3}{4} = 0{,}75$	$\dfrac{4}{5} = 0{,}8$	$\dfrac{7}{8} = 0{,}875$	$\dfrac{1}{9} = 0{,}\overline{1}$

40 Minuten

Test 5

1 Ergänze die Stellenwerttafel.

Z	E	,	z	h	t	Dezimalbruch
5	1	0	2	7		
						69,645
	0		0	0	8	
						3,07

____ von 2

2 Schreibe als Dezimalbruch.

a 3 Z 9 E 9 z 6 h   _____

____ von 2 **b** 7 H 8 E 8 h 1 t   _____

3 Was denkst du? Kreuze an.

könnte stimmen   sicher falsch

a Ein Säugling wiegt 3,8 kg.   ☐   ☐

b Ein Erwachsener ist 0,85 t schwer.   ☐   ☐

c Ein Floh bringt 1,5 mg auf die Waage.   ☐   ☐

d Ein Pkw kommt auf rund 18 750 kg.   ☐   ☐

e Ein Pferd wiegt rund 0,7 t.   ☐   ☐

____ von 3 **f** Eine Katze wird bis zu 4 500 mg schwer.   ☐   ☐

4 Welche Dezimalbrüche sind markiert?

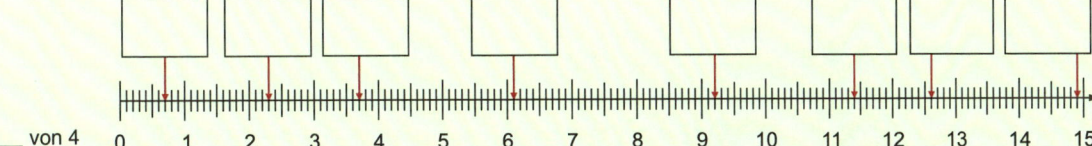

____ von 4

Teste dein Wissen!

5 Vergleiche die Zahlen. Setze <, = oder > richtig ein.

a 2,5 ☐ 2,4

b 0,05 ☐ 0,5

___ von 4 **c** 12,03 ☐ 12,030

d 0,0441 ☐ 0,044

6 Runde auf eine Stelle nach dem Komma.

a 84,25 kg ≈

___ von 2 **b** 751,985 kg ≈

7 Die Seemeile (Abkürzung: sm) ist eine in der Schifffahrt gebräuchliche Einheit für Entfernungen: 1 sm = 1 852,216 m
Schreibe 1 sm in km und runde das Ergebnis auf 2 Dezimalstellen.

___ von 1

8 Kürze bzw. erweitere so, dass du den Bruch als Dezimalbruch schreiben kannst.

a $\dfrac{4}{5} = \underline{} =$

b $\dfrac{22}{125} = \underline{} =$

___ von 4 **c** $\dfrac{36}{60} = \underline{} =$

d $\dfrac{27}{90} = \underline{} =$

9 Schreibe als vollständig gekürzten Bruch.

a 0,2 =

b 0,088 =

___ von 4 **c** 3,72 =

d 4,02 =

| 26 bis 20 | 19,5 bis 13 | 12,5 bis 0 |

So lange habe ich gebraucht: _____

So viele Punkte habe ich erreicht: _____

40 Minuten   ## Test 6

1 Ergänze die Tabelle.

Strecke	Z	E	,	z	h	t	dezimale Schreibweise
12 km 500 m							
	5	2	,	5	7	9	
							80,03 km
	3	0	,	0	0	7	

____ von 4

2 Schreibe in der angegebenen Einheit.

a 598 mm = _____ cm   **b** 2 dm 4 cm 9 mm = _____ dm

____ von 2   **c** 347 cm = _____ dm   **d** 23,7 dm = _____ m

3 Beschrifte die markierten Punkte am Zahlenstrahl.

____ von 5

4 Anjas gepackte Schultasche wiegt $3\frac{5}{8}$ kg, Bernadettes wiegt 3,06 kg und Claudias hat eine Masse von 3,6 kg. Welches Mädchen muss am meisten tragen?

____ von 2

5 Runde auf 2 Dezimalstellen.

____ von 1   **a** 5,529 km ≈   **b** 2,799 km ≈

Teste dein Wissen!

6 Für Längenmaße gilt in den Vereinigten Staaten von Amerika das sogenannte imperiale Maßsystem. Schreibe die folgenden Werte in der angegebenen Einheit und runde anschließend auf eine Stelle nach dem Komma.

a 1 Inch (Zoll) entspricht 0,0254 m (in cm) _____

b 1 Foot (Fuß) entspricht 0,3048 m (in cm) _____

c 1 Yard (Schritte) entspricht 0,9144 m (in cm) _____

___ von 4 **d** 1 Mile (Meile) entspricht 1 609,344 m (in km) _____

7 Schreibe als Dezimalbruch.

___ von 2 **a** $\dfrac{3}{8} =$ **b** $\dfrac{22}{5} =$

8 Gib als vollständig gekürzten Bruch an.

___ von 2 **a** $0,504 =$ **b** $7,02 =$

9 Schreibe als Dezimalbruch. Runde auf 3 Stellen nach dem Komma.

a $\dfrac{1}{6} \approx$ **b** $\dfrac{7}{11} \approx$

c $\dfrac{5}{7} \approx$ **d** $\dfrac{4}{13} \approx$

___ von 4

| 26 bis 20 | 19,5 bis 13 | 12,5 bis 0 |

So lange habe ich gebraucht: _____

So viele Punkte habe ich erreicht: _____

Mit Dezimalbrüchen rechnen

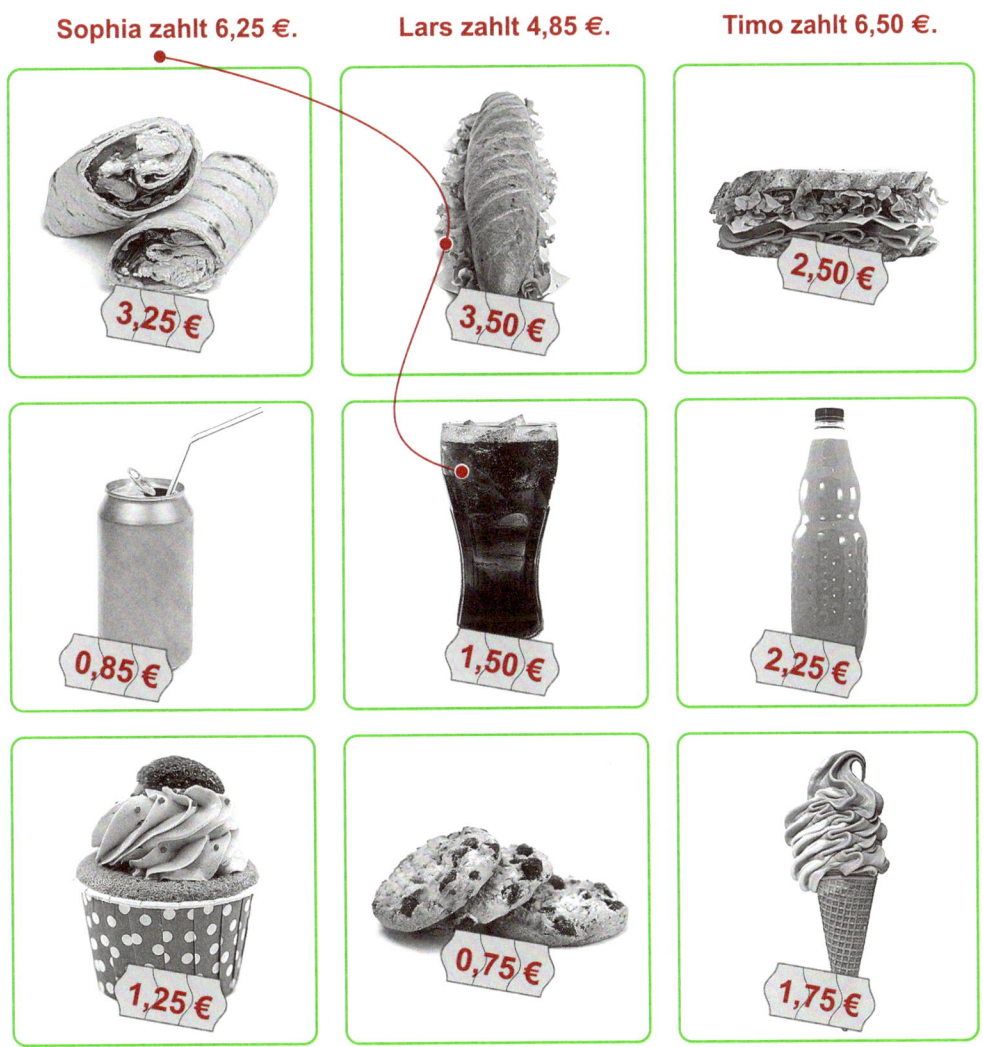

Sophia zahlt 6,25 €. **Lars zahlt 4,85 €.** **Timo zahlt 6,50 €.**

3,25 € — 3,50 € — 2,50 €

0,85 € — 1,50 € — 2,25 €

1,25 € — 0,75 € — 1,75 €

Sophia, Lars und Timo haben jeweils ein Sandwich und eine Nachspeise gegessen und dazu etwas getrunken. Finde heraus, wer welche Kombination zu sich genommen hat.

Vertiefe dein Wissen!

1   Dezimalbrüche addieren und subtrahieren

Familie Riebe plant eine mehrtägige Radtour. Marion notiert sich die
Entfernungen zwischen den einzelnen Orten aus dem Internet.

1. Etappe: Plau am See - Waren (Müritz)   40,3 km
2. Etappe: Waren (Müritz) - Röbel (Müritz) 42,7 km
3. Etappe: Röbel (Müritz) - Malchow   25,1 km

WISSEN

Dezimalbrüche können wie natürliche Zahlen **stellenweise** addiert bzw.
subtrahiert werden. Sie werden dazu so untereinander geschrieben, dass
Komma unter Komma steht.

BEISPIEL

a Wie viele Kilometer legt Familie Riebe während der 3 Etappen zurück?

Lösung:

```
   40,3 km
   42,7 km
+ 25,1 km
─────────
  108,1 km
```

Schreibe **Komma unter Komma** und addiere.

Familie Riebe legt 108,1 km zurück.

b Insgesamt fahren die Riebes 150 km in 4 Etappen. Wie lang ist die letzte
Etappe?

Lösung:

```
  150,0 km
− 108,1 km
─────────
   41,9 km
```

Ergänze so viele **Endnullen**, bis alle Dezimalbrüche gleich viele Stellen hinter dem Komma
haben.

Die letzte Etappe ist 41,9 km lang.

147 Berechne.

a $12,23 + 43,13$

b $321,1 + 46,6$

c $19,9 - 8,3$

d $27,63 - 16,72$

148 Löse die Aufgaben.

a $36{,}254 + 232{,}87$

b $54{,}14 + 1\,236{,}6$

c $46{,}392 - 23{,}7$

d $142{,}4 - 77{,}773$

e $4 + 92{,}465 + 93{,}23$

f $2 + 0{,}64 + 213{,}9 + 32{,}54$

149 Ergänze die Tabelle.

12,5		

$+1{,}25 \rightarrow$

$-0{,}97 \downarrow$

150 Michaela sind einige Rechenfehler unterlaufen. Kannst du ihr helfen, die Aufgaben zu verbessern?

a

$$\begin{array}{r} 32{,}98 \\ -3{,}9 \\ \hline 325{,}9 \end{array}$$

b

$$\begin{array}{r} 482{,}43 \\ -12{,}3 \\ \hline 4\,812{,}0 \end{array}$$

Welche Grundregel des Rechnens mit Dezimalbrüchen hat Michaela missachtet?

151 Vervollständige die Rechenpyramide. Die Summe zweier benachbarter Zahlen steht in dem Apfel über diesen beiden Zahlen.

152 Gib das Ergebnis in Tonnen an.

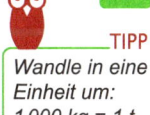

TIPP

Wandle in eine Einheit um:
$1\,000\ kg = 1\ t$

a $340\ \text{kg} + 1{,}23\ \text{t}$

b $1{,}145\ \text{t} + 3\,200\ \text{kg} + 1\,230\ \text{kg}$

c $1{,}35\ \text{t} + 54\ \text{kg}$

d $0{,}45\ \text{t} + 1\,342\ \text{kg} + 6{,}2\ \text{t}$

Vertiefe dein Wissen!

153 Wie wurde hier gerechnet? Setze die Zahlenfolgen richtig fort.

a 3,5   5,0   6,5   8,0   9,5   ___ ___ ___ ___ ___

b 13,3   12,9   12,5   12,1   11,7   ___ ___ ___ ___ ___

154 Frau Buchner kauft in einem Hofladen ein. Sie braucht eine Flasche Buttermilch zu 1,39 €, eine Flasche Frischmilch zu 1,24 €, ein Hähnchen für 4,20 €, 4 Eier für je 25 ct und ein Stück Käse zu 1,79 €. Sie bezahlt mit einem 10-€-Schein. Wie viel Wechselgeld bekommt sie?

155 Inspektor Lupe entschärft eine Bombe. Er muss dazu auf der linken Seite jeweils 18,74 addieren, auf der rechten Seite muss er immer 40,97 subtrahieren. Am Ende muss er den Draht mit dem größeren Ergebnis durchschneiden. Welchen Draht sollte Inspektor Lupe kappen? Kreuze an.

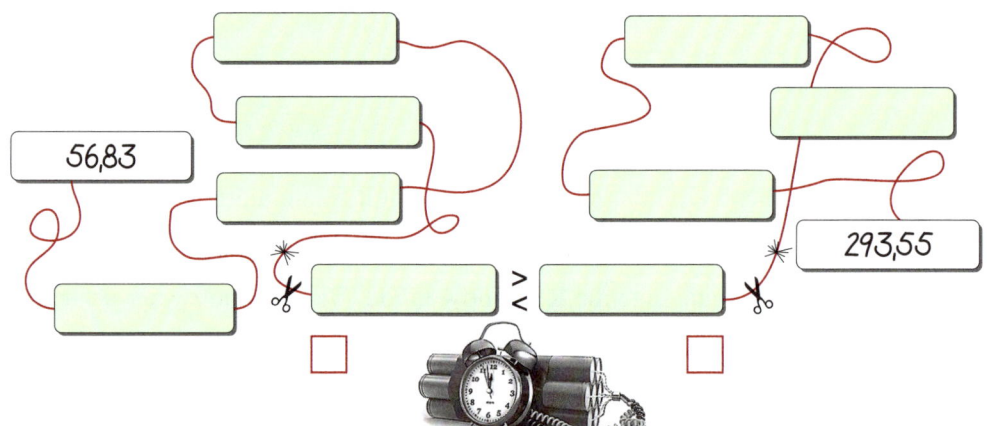

156 Herr Gürster, ein Hühnerbauer, möchte seinen Hühnerauslauf neu umzäunen. Wie viele Meter Maschendrahtzaun benötigt er?

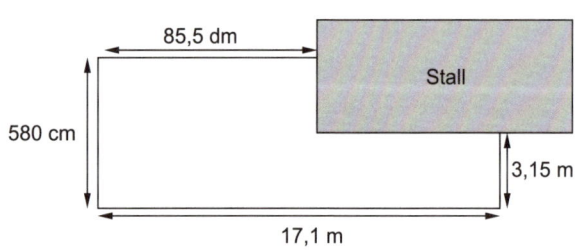

157 Berechne.

TIPP
Beachte die Rechenregeln.

a $4,5 + 6,28 - 0,04$

b $26,05 - (12,2 + 0,005)$

c $(89,026 - 66,5) - (0,9 + 4,36)$

d $(25,4 + 98,56) - (7,569 - 0,2) + 3$

Vertiefe dein Wissen!

2 Dezimalbrüche multiplizieren

Stecknadeln kann man u. a. in Packungen zu 10, 100 oder 1 000 Stück kaufen. Eine Stecknadel wiegt 0,47 g. Wie viel wiegen dann **10, 100** oder **1 000** Stück?

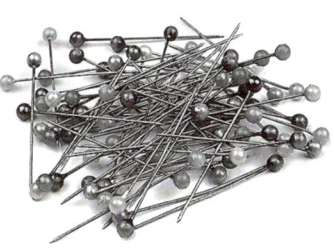

--- WISSEN ---

Ein Dezimalbruch wird mit **10**, **100**, **1 000** usw. multipliziert, indem das **Komma** um **1**, **2**, **3** usw. Stellen **nach rechts** verschoben wird.

BEISPIEL

Eine Stecknadel wiegt 0,47 g. Wie schwer sind 10 (100, 1 000) Stecknadeln?

Lösung:

10 Stück:	$0,47$ g $\cdot 10 = 4,7$ g
100 Stück:	$0,47$ g $\cdot 100 = 47$ g
1 000 Stück:	$0,47$ g $\cdot 1\,000 = 470$ g

Hänge in Gedanken **Endnullen** an:
$0,47 = 0,4700$

158 Gib das Ergebnis an.

a $0,018 \cdot 10$ b $47,3 \cdot 10$

c $6,725 \cdot 100$ d $0,0451 \cdot 1\,000$

e $0,439 \cdot 1\,000$ f $42,4 \cdot 100$

159 Eine kleine Schraube wiegt 1,255 g, eine große Schraube wiegt 6,08 g. Wie schwer sind jeweils 1 000 von diesen Schrauben?

160 Ein junges Honigbienenvolk besteht aus 10 000 Bienen. Eine Arbeiterin wiegt rund 0,115 g und ist etwa 1,2 cm lang.

a Wie schwer sind alle Bienen zusammen? Gib in kg an.

b Das Bienenvolk fliegt Biene an Biene hintereinander her. Wie lang ist die Kolonne mindestens? Gib in m an.

Vertiefe dein Wissen!

Herr Musiol kauft im Großmarkt für die Küche seiner Jugendherberge ein. Wie viel muss er für die Kartoffeln bezahlen, wenn er 24,6 kg kauft?

Dezimalbrüche multipliziert man zuerst, **ohne das Komma zu beachten**.
Das Ergebnis hat so viele Dezimalstellen, wie die **beiden Faktoren zusammen**.

BEISPIEL

Wie viel muss Herr Musiol für die Kartoffeln bezahlen?

Lösung:

$$246 \cdot 79$$
$$\frac{17220}{}$$
$$+ \ 2214$$
$$\overline{19434}$$

Berechne das Ergebnis zunächst, **ohne auf das Komma zu achten**.

$$24{,}6 \cdot 0{,}79 \ € = 19{,}434 \ €$$
$$\approx 19{,}43 \ €$$

Markiere die Dezimalstellen.
Das Ergebnis hat so viele Dezimalstellen, wie die **beiden Faktoren zusammen**.

Herr Musiol muss 19,43 € für die Kartoffeln bezahlen.

161 Berechne.

a $21 \cdot 1{,}61$ b $3{,}7 \cdot 152$

c $4{,}7 \cdot 2{,}4$ d $22{,}54 \cdot 12{,}42$

e $6{,}98 \cdot 9{,}4$ f $5{,}23 \cdot 5{,}32$

162 Luisa hat ihre Aufgaben zwar richtig gerechnet, aber keine Kommas gesetzt. Kannst du ihr helfen?

a $73{,}21 \cdot 32 = 2\ 3\ 4\ 2\ 7\ 2$ b $678{,}7 \cdot 765 = 5\ 1\ 9\ 2\ 0\ 5\ 5$

c $1{,}65 \cdot 3 = 4\ 9\ 5$ d $0{,}767 \cdot 81 = 6\ 2\ 1\ 2\ 7$

e $12 \cdot 0{,}85 = 1\ 0\ 2\ 0$ f $610 \cdot 2{,}44 = 1\ 4\ 8\ 8\ 4\ 0$

163 Das Krokodil frisst nur Fische, deren Wert größer als 2 ist. Bei welchen Fischen schnappt es zu? Rechne im Kopf und verbinde.

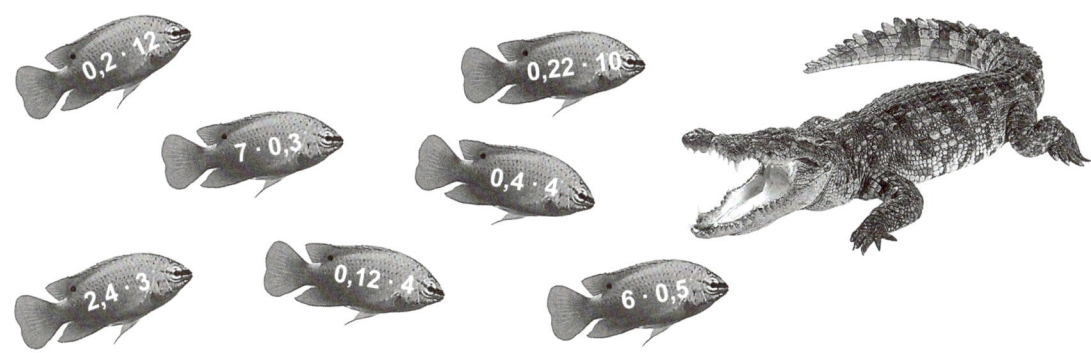

164 Vervollständige die Multiplikationstabelle.

·	5	34	6,9
1,3			
7,4			
10,05			

165 Rechne im Kopf.

a $0,25 \cdot 0,04$ **b** $0,015 \cdot 0,04$

c $0,07 \cdot 0,12$ **d** $0,11 \cdot 0,11$

e $3,5 \cdot 0,009$ **f** $0,03 \cdot 3,3$

Unsere Leihgebühren
1. Tag   2,30 €
2. Tag   3,40 €
3. Tag   1,50 €

166 Justus hat sich einige DVDs aus der Videothek aus- geliehen, die er heute zurückbringt. 4 DVDs waren 2 Tage und 3 DVDs waren 3 Tage in seinem Besitz. Wie viel muss Justus bezahlen?

TIPP
Rechne Schritt für Schritt.

167 Frau Tanner braucht für den Technikunterricht 27 Sperrholzbrettchen mit einer Breite von 26,5 cm und einer Länge von 34,5 cm. Im Baumarkt kostet 1 m² Sperrholz 42,79 €. Für den Zuschnitt werden 50 ct pro Brettchen berechnet. Wie teuer kommen die Sperrholzbrettchen?

Vertiefe dein Wissen!

3 Dezimalbrüche durch natürliche Zahlen dividieren

Bei einem Praktikum muss Lena jeweils 1 000 Blatt Kopierpapier zu den Druckern tragen. 1 000 Blätter wiegen 4,98 kg. Wie schwer sind dann **100** bzw. **10** Blätter?

WISSEN

Ein Dezimalbruch wird durch **10**, **100**, **1 000** usw. dividiert, indem das **Komma** um **1**, **2**, **3** usw. Stellen **nach links** verschoben wird.

BEISPIEL

Wie schwer sind 100 (10, 1) Blätter Kopierpapier?

Lösung:
100 Blatt: 4,98 kg : 10 = **0**,498 kg   Ergänze fehlende Stellen mit **Nullen.**
10 Blatt: 4,98 kg : 100 = **0,0**498 kg
1 Blatt: 4,98 kg : 1000 = **0,00**498 kg

168 Berechne.

a 63,2 : 10

b 41,1 : 100

c 127,9 : 1 000

d 0,075 : 10

169 1 000 ℓ Heizöl wiegen etwa 827 kg und kosten 957,50 €.

a Wie schwer sind 100 ℓ (10 ℓ, 1 ℓ) Heizöl?

b Wie viel kosten 100 ℓ (10 ℓ, 1 ℓ) Heizöl? Runde sinnvoll.

170 Wie viel kostet jeweils ein Stück? Runde sinnvoll.

1 000 Stück
42,80 €

10 Stück
3,40 €

100 Stück
57,10 €

Vertiefe dein Wissen!

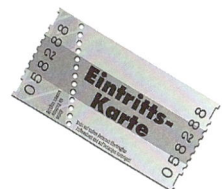

Die Geschwister Zora, Fred, Kilian und Tamara gehen ins Freibad. Für 4 Tageskarten zahlen sie 27,20 €. Wie viel kostet eine Tageskarte?

WISSEN

Um einen Dezimalbruch **durch eine natürliche Zahl** zu dividieren, dividierst du wie gewohnt. Beim **Überschreiten** des Kommas im Dividenden musst du auch im Ergebnis das Komma setzen.

BEISPIEL

a Wie viel kostet eine Tageskarte?

Lösung:

$$27{,}20 : 4 = 6{,}80$$
$$\underline{-24}$$
$$\quad 32 \quad \text{Komma setzen}$$
$$\quad \underline{32}$$
$$\qquad 0$$

Sobald du die 2 hinter dem Komma nach unten ziehst, musst du im Ergebnis das **Komma setzen**.

Eine Tageskarte kostet 6,80 €.

b Berechne 7,8 : 15.

Lösung:

$$7{,}8\mathbf{0} : 15 = \mathbf{0}{,}52$$
$$\underline{-\mathbf{0}}$$
$$\quad 78$$
$$\underline{-75}$$
$$\quad\; 3\mathbf{0}$$
$$\quad \underline{-30}$$
$$\qquad 0$$

Die 15 geht **0-mal** in die 7.

Du kannst beliebig viele **Endnullen** ergänzen.

---

171 Berechne im Kopf.

a
54 : 9
5,4 : 9
0,54 : 9

b
72 : 8
7,2 : 8
0,72 : 8

c
48 : 12
4,8 : 12
0,48 : 12

d
96 : 8
9,6 : 8
0,96 : 8

Vertiefe dein Wissen!

172 Löse die Aufgaben.

a 57,6 : 8   b 23,4 : 6

c 3,91 : 23   d 16,12 : 31

e 1,17 : 12   f 58,5 : 13

g 9,684 : 5   h 46,026 : 9

173 Tiffany hat zwar richtig gerechnet, aber keine Kommas gesetzt. Kannst du ihr helfen?

a 54,72 : 12 =   4 5 6   b 665,28 : 72 =   9 2 4

c 3,496 : 4 =   8 7 4   d 83,42 : 86 =   9 7

174 Wie teuer ist jeweils ein Stück?

175 Im Supermarkt wird ein Waschmittel in 3 verschiedenen Verpackungsgrößen angeboten. Bei welcher Verpackung bekommt man den günstigsten Kilopreis? Runde die Ergebnisse sinnvoll.

4,97 €   7,09 €   11,97 €

4 Dezimalbrüche dividieren

Caro kauft auf dem Wochenmarkt 2,8 kg Kirschen und zahlt 12,46 €. Wie teuer ist 1 kg der Kirschen?

WISSEN

Wenn du eine Zahl **durch einen Dezimalbruch** dividierst, musst du bei Dividend und Divisor das **Komma** um so viele Stellen **nach rechts verschieben** bis der Divisor eine **natürliche Zahl** ist. Rechne dann wie gewohnt.

BEISPIEL

Wie teuer ist 1 kg Kirschen?

Lösung:

$$12{,}46 : 2{,}8 =$$
$$124{,}6 : 28 = 4{,}45$$

$$\underline{-112}$$
$$\quad 126$$
$$\underline{-112}$$
$$\quad\ 140$$
$$\underline{\ -140}$$
$$\qquad\ 0$$

Der Divisor hat eine Stelle hinter dem Komma, **verschiebe** also bei beiden Dezimalbrüchen das **Komma** um **eine Stelle nach rechts**. Rechne dann wie gewohnt.

1 kg Kirschen kostet 4,45 €.

176 Rechne im Kopf. Denke an die Kommaverschiebung.

a $2{,}4 : 0{,}6$ **b** $6{,}3 : 0{,}9$

c $39 : 1{,}3$ **d** $96 : 4{,}8$

e $0{,}36 : 1{,}2$ **f** $0{,}75 : 1{,}5$

177 Dividiere.

a $3{,}9 : 1{,}5$ **b** $10{,}32 : 2{,}4$

c $8{,}41 : 0{,}58$ **d** $38{,}16 : 5{,}3$

e $25{,}2 : 0{,}18$ **f** $7667{,}7 : 1{,}83$

Vertiefe dein Wissen!

178 Bei jeder Multiplikationsaufgabe kann Oliver einen der beiden Faktoren nicht mehr lesen. Kannst du ihm helfen? Löse mit einer Umkehraufgabe.

a $0,4 \cdot$  $= 0,28$

b  $\cdot 7,5 = 1,5$

c  $\cdot 5,2 = 1,56$

d $2,5 \cdot$ $= 1$

179 Wie teuer ist jeweils 1 kg?

3,75 €

0,75 kg

5,75 €

2,3 kg

2,26 €

1,75 kg

180 Ein Obsthändler kauft in der Großmarkthalle Pfirsiche ein, die 0,69 € pro kg kosten. Er bezahlt insgesamt 127,65 €.

a Wie viele kg Pfirsiche hat er gekauft?

b Beim Transport verderben ein Zehntel der Pfirsiche. Wie viele kg Pfirsiche sind das?

TIPP
Verkaufspreis = Einkaufspreis + Gewinn

c Die restlichen Pfirsiche kann der Obsthändler sofort weiterverkaufen. Dabei macht er insgesamt einen Gewinn von 135,12 €. Zu welchem Preis hat er 1 kg Pfirsiche verkauft?

181 Frau Bloner will ihr Wohnzimmer renovieren. Der Boden soll mit Korkfliesen ausgelegt werden.

a Wie viele Korkfliesen muss Frau Bloner mindestens kaufen, wenn eine quadratische Korkfließe 30 cm lang ist?

b 350 g Korkkleber reichen für 1 m². Wie viel kg Korkkleber benötigt Frau Bloner?

c Welches Angebot für den Korkkleber ist besser?

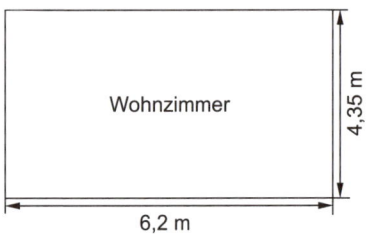

Wohnzimmer

4,35 m

6,2 m

2 kg

19,95 €

3,5 kg

34,95 €

 Vertiefe dein Wissen!

Manege frei – Vermischte Aufgaben

182 Berechne die Aufgaben des Jongleurs. Für jede richtig gelöste Rechnung erhältst du zusätzliche Jonglierbälle. Mit wie vielen Bällen kannst du das Publikum begeistern?

a $0,25 + 1,4$

b $2,97 - 1,8$

c $0,42 \cdot 1,89$

d $12,46 : 0,14$

e $5,41 - 0,93$

f $0,04 \cdot 0,12$

1 bis 4 Bälle: Der/die **wacklige** (dein Name)

5 bis 8 Bälle: Der/die **tollkühne** (dein Name)

9 bis 12 Bälle: Der/die **atemberaubende** (dein Name)

SEHEN SIE HEUTE:

(Dein Name)

JONGLIERT MIT ____ BÄLLEN

183 Magic Max zaubert die Lösungen zu den folgenden Aufgaben aus seinem Hut. Welches Ergebnis gehört zu welcher Aufgabe?

TIPP
Übersetze in die Sprache der Mathematik.

a Addiere 4,8 zur Summe aus 1,35 und 9,27.

b Bilde die Differenz aus 15,8 und 0,08 und addiere das Produkt aus 5,3 und 1,4.

c Addiere 1,56 zum Quotienten aus 29,4 und 14.

d Subtrahiere 0,45 von der Summe aus 4 Zehntel und 6 Hundertstel.

3,66 15,42 0,01 0,55 28,43 23,14 0,54

Vertiefe dein Wissen!

184 Pepito, der Clown, verwirrt das Publikum mit einem verrückten Rechengitter. Kannst du die fehlenden Zahlen ergänzen? Denke an die Rechenregeln.

TIPP
Rechne jeweils mit Brüchen oder mit Dezimalbrüchen.

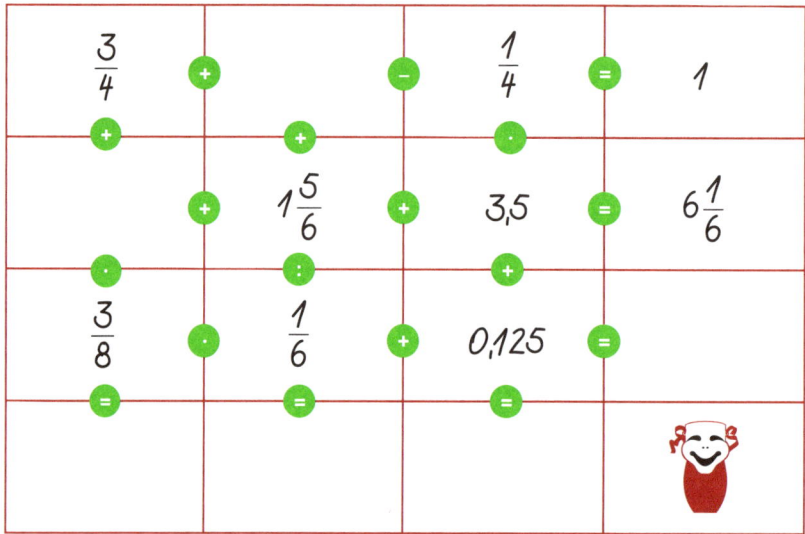

185 Der Zirkusdirektor stellt seinen Artisten folgende Rechungen. Kannst du sie lösen? Die richtigen Ergebnisse findest du rund um das Zirkuszelt.

a $1,26 \cdot 4 + 4 : 0,25$

b $(0,08 + 4,2) \cdot 3,4$

c $\dfrac{1}{4} + 0,5 - \dfrac{3}{8}$

d $5,4 : \left(\dfrac{2}{5} + 0,2\right)$

e $\dfrac{3}{4} + 0,875 + \dfrac{1}{2} - 0,75 - \dfrac{3}{8}$

f $(6,46 + 1,74) : \left(\dfrac{3}{4} - \dfrac{5}{8}\right)$

g $(0,78 + 1,42) : \left(\dfrac{1}{4} - 0,239\right)$

h $(0,1 - 0,09) \cdot \left(25 : \dfrac{1}{4}\right)$

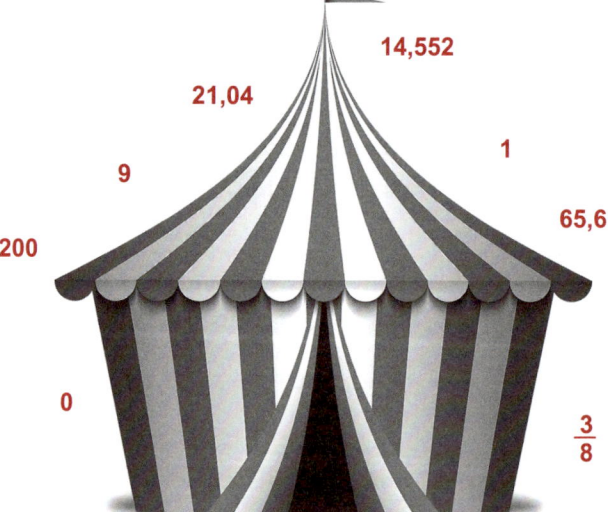

14,552
21,04
9
1
200
65,6
0
$\dfrac{3}{8}$

40 Minuten **Test 7**

1 Berechne.

a $52,05 + 12,328 =$ **b** $129,502 - 23,74 =$

c $22,021 - 3,25 =$ **d** $20,968 + 3,4 - 2,09 =$

____ von 5

2 Struppi hat 100 Flöhe. Ein Floh wiegt 2,84 mg. Um wie viel Gramm wird Struppi durch die Flöhe schwerer?

____ von 1

3 Die Ergebnisse hat Julius richtig berechnet, die Kommas fehlen. Setze sie ein.

____ von 1   **a** $13,48 \cdot 71,2 =$ $9\,5\,9\,7\,7\,6$ **b** $2,81 \cdot 34,25 =$ $9\,6\,2\,4\,2\,5$

4 Löse die Aufgaben.

a $3,05 \cdot 0,6 =$ **b** $22,56 \cdot 0,082 =$

____ von 3

Teste dein Wissen!

5 Berechne.

a $14,61 : 3 =$ **b** $98,76 : 8 =$

___ von 2

6 Ein Gemüsehändler kauft in der Großmarkthalle 225 kg Karotten zu 0,63 € pro kg, 278 kg Grünkohl für insgesamt 133,44 € und 14 Säcke Kartoffeln. Insgesamt bezahlt er 404,69 €. Wie viel zahlt der Gemüsehändler für einen Sack Kartoffeln?

___ von 4

7 Löse die Aufgabe. Denke dabei an die Rechenregeln.
$52,32 : (6,52 + 5,48) - 0,026 =$

___ von 2

| 18 bis 13 | 12,5 bis 6 | 5,5 bis 0 |

So lange habe ich gebraucht: _____

So viele Punkte habe ich erreicht: _____

Teste dein Wissen!

40 Minuten   **Test 8**

1 Berechne.

a $78{,}93 + 35{,}402 =$ **b** $100{,}01 - 30{,}1 =$

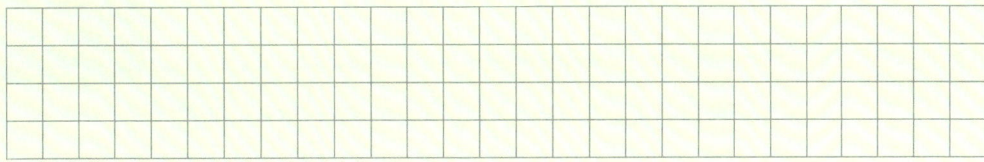

____ von 2

2 Löse die Aufgaben.

a $0{,}65 \cdot 3{,}33 =$ **b** $21{,}5 \cdot 0{,}078 =$

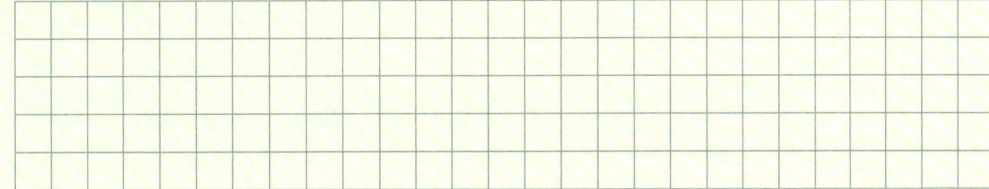

____ von 4

3 Im Herbst fallen in einem Wald auf 1 ha ($10\,000$ m^2) rund 25 Millionen Blätter mit einer Gesamtmasse von 3,8 t. Wie schwer sind die Blätter auf 1 m^2? Gib in Gramm an.

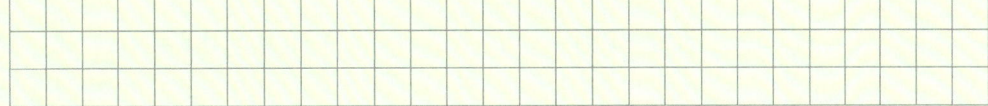

____ von 1

4 Berechne.

a $37{,}05 : 6 =$ **b** $0{,}1258 : 3{,}7 =$

____ von 2

Teste dein Wissen!

5 Frau Kunze kauft eine Wassermelone und 2,24 kg Äpfel für zusammen 4,45 €.

a Wie viel kostet die Wassermelone?

Sonderangebot:

2,24 kg Äpfel
nur 2,56 Euro!

b Berechne den Kilopreis der Äpfel. Runde sinnvoll.

c Wie teuer kommen Äpfel mit einer Masse von 900 g?

___ von 5

6 Berechne. Denke an die Rechenregeln.

a $5\frac{3}{4} - (3{,}52 + 1{,}9) =$ **b** $\frac{7}{12} + 0{,}5 : 0{,}3 =$

___ von 4

| 18 bis 13 | 12,5 bis 6 | 5,5 bis 0 |

So lange habe ich gebraucht: _____

So viele Punkte habe ich erreicht: _____

Lösungen

Grundlagen der Bruchrechnung

Lösungswort: **B R U E C H E**

1 a $\dfrac{1}{3}$ b $\dfrac{3}{9}$

2 a rot: $\dfrac{1}{3}$ grün: $\dfrac{2}{3}$ b rot: $\dfrac{2}{6}$ grün: $\dfrac{4}{6}$

  c rot: $\dfrac{1}{8}$ grün: $\dfrac{7}{8}$ d rot: $\dfrac{4}{12}$ grün: $\dfrac{8}{12}$

3 a   b

  c   d

4 a   weiß: $\dfrac{5}{10}$

  b   weiß: $\dfrac{3}{9}$ oder $\dfrac{1}{3}$

5 a

  0    $\dfrac{1}{4}$ $\dfrac{2}{4}$ $\dfrac{3}{4}$ 1   Der Strahl ist in 4 Teile zerlegt.

  b

  0    $\dfrac{1}{5}$ $\dfrac{2}{5}$ $\dfrac{3}{5}$ $\dfrac{4}{5}$ 1   Der Strahl ist in 5 Teile zerlegt.

6 a   übrig: $\dfrac{5}{8}$

  b   übrig: $\dfrac{3}{10}$

Hast du's gewusst?

c  übrig: $\dfrac{2}{3}$ oder $\dfrac{10}{15}$

d  übrig: $\dfrac{1}{2}$ oder $\dfrac{4}{8}$

7

a $\dfrac{2}{3}$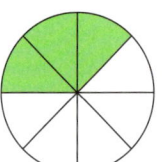

Das Rechteck ist 3 cm lang. Teile es in 3 **gleich große** Stücke.

b $\dfrac{1}{5}$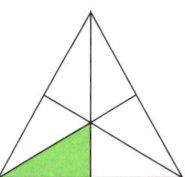

Das Rechteck ist 5 cm lang. Teile es in 5 **gleich große** Stücke.

c $\dfrac{3}{8}$

Zerlege den Kreis **schrittweise** in Halbe, in Viertel und dann in Achtel.

d $\dfrac{1}{6}$

Markiere den Mittelpunkt jeder Dreiecksseite. Verbinde jeweils die Mittelpunkte mit den gegenüberliegenden Ecken.

8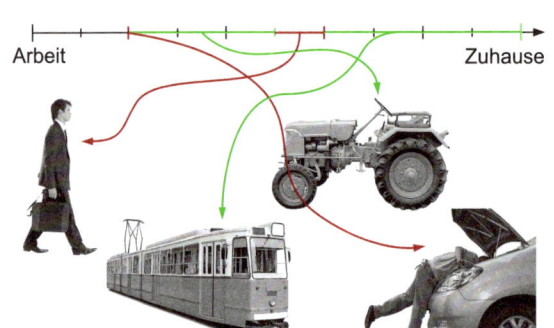

Die Strecke von der Arbeit nach Hause ist in 10 gleiche Teile zerlegt.

9 **a** $\dfrac{3}{3} = 1$ **b** $\dfrac{15}{5} = 3$

10 **a** $4 = \dfrac{20}{5} = \dfrac{32}{8} = \dfrac{40}{10} = \dfrac{48}{12}$ **b** $5 = \dfrac{25}{5} = \dfrac{40}{8} = \dfrac{50}{10} = \dfrac{60}{12}$

c $7 = \dfrac{35}{5} = \dfrac{56}{8} = \dfrac{70}{10} = \dfrac{84}{12}$ **d** $10 = \dfrac{50}{5} = \dfrac{80}{8} = \dfrac{100}{10} = \dfrac{120}{12}$

Hast du's gewusst?

11 Es handelt sich um ein **F A U L T I E R**.

12 Lösungen zu den Teilaufgaben **a**, **b** und **c**.

	1	2	3	4	5	6	7	8	9	10
1	$\frac{1}{1}$ *	$\frac{2}{1}$ *	$\frac{3}{1}$ *	$\frac{4}{1}$ *	$\frac{5}{1}$ *	$\frac{6}{1}$ *	$\frac{7}{1}$ *	$\frac{8}{1}$ *	$\frac{9}{1}$ *	$\frac{10}{1}$ *
2	$\frac{1}{2}$	$\frac{2}{2}$ *	$\frac{3}{2}$ *	$\frac{4}{2}$ *	$\frac{5}{2}$ *	$\frac{6}{2}$ *	$\frac{7}{2}$ *	$\frac{8}{2}$ *	$\frac{9}{2}$ *	$\frac{10}{2}$ *
3	$\frac{1}{3}$	$\frac{2}{3}$	$\frac{3}{3}$ *	$\frac{4}{3}$ *	$\frac{5}{3}$ *	$\frac{6}{3}$ *	$\frac{7}{3}$ *	$\frac{8}{3}$ *	$\frac{9}{3}$ *	$\frac{10}{3}$ *
4	$\frac{1}{4}$	$\frac{2}{4}$	$\frac{3}{4}$	$\frac{4}{4}$ *	$\frac{5}{4}$ *	$\frac{6}{4}$ *	$\frac{7}{4}$ *	$\frac{8}{4}$ *	$\frac{9}{4}$ *	$\frac{10}{4}$ *
5	$\frac{1}{5}$	$\frac{2}{5}$	$\frac{3}{5}$	$\frac{4}{5}$	$\frac{5}{5}$ *	$\frac{6}{5}$ *	$\frac{7}{5}$ *	$\frac{8}{5}$ *	$\frac{9}{5}$ *	$\frac{10}{5}$ *
6	$\frac{1}{6}$	$\frac{2}{6}$	$\frac{3}{6}$	$\frac{4}{6}$	$\frac{5}{6}$	$\frac{6}{6}$ *	$\frac{7}{6}$ *	$\frac{8}{6}$ *	$\frac{9}{6}$ *	$\frac{10}{6}$ *
7	$\frac{1}{7}$	$\frac{2}{7}$	$\frac{3}{7}$	$\frac{4}{7}$	$\frac{5}{7}$	$\frac{6}{7}$	$\frac{7}{7}$ *	$\frac{8}{7}$ *	$\frac{9}{7}$ *	$\frac{10}{7}$ *
8	$\frac{1}{8}$	$\frac{2}{8}$	$\frac{3}{8}$	$\frac{4}{8}$	$\frac{5}{8}$	$\frac{6}{8}$	$\frac{7}{8}$	$\frac{8}{8}$ *	$\frac{9}{8}$ *	$\frac{10}{8}$ *
9	$\frac{1}{9}$	$\frac{2}{9}$	$\frac{3}{9}$	$\frac{4}{9}$	$\frac{5}{9}$	$\frac{6}{9}$	$\frac{7}{9}$	$\frac{8}{9}$	$\frac{9}{9}$ *	$\frac{10}{9}$ *
10	$\frac{1}{10}$	$\frac{2}{10}$	$\frac{3}{10}$	$\frac{4}{10}$	$\frac{5}{10}$	$\frac{6}{10}$	$\frac{7}{10}$	$\frac{8}{10}$	$\frac{9}{10}$	$\frac{10}{10}$ *

d $\frac{10}{1}$ **e** $\frac{1}{10}$

13 **a** $\frac{9}{4} = 2\frac{1}{4}$ **b** $\frac{8}{3} = 2\frac{2}{3}$

14 **a** $2\frac{3}{4} = \frac{11}{4}$

b $1\frac{1}{2} = \frac{3}{2}$

c $4\frac{2}{7} = \frac{30}{7}$

Hast du's gewusst?

15 a $\quad 1\dfrac{2}{7} = \dfrac{7}{7} + \dfrac{2}{7} = \dfrac{9}{7}$ b $\quad 3\dfrac{9}{10} = \dfrac{30}{10} + \dfrac{9}{10} = \dfrac{39}{10}$

c $\quad 7\dfrac{5}{6} = \dfrac{42}{6} + \dfrac{5}{6} = \dfrac{47}{6}$ d $\quad 18\dfrac{5}{8} = \dfrac{144}{8} + \dfrac{5}{8} = \dfrac{149}{8}$

16 a $\quad \dfrac{11}{4} = \dfrac{8}{4} + \dfrac{3}{4} = 2\dfrac{3}{4}$ b $\quad \dfrac{15}{7} = \dfrac{14}{7} + \dfrac{1}{7} = 2\dfrac{1}{7}$

c $\quad \dfrac{11}{6} = \dfrac{6}{6} + \dfrac{5}{6} = 1\dfrac{5}{6}$ d $\quad \dfrac{27}{8} = \dfrac{24}{8} + \dfrac{3}{8} = 3\dfrac{3}{8}$

17 a $\quad \dfrac{5}{6}$ von 36 kg = 36 kg : 6 · 5 = 30 kg

b $\quad \dfrac{3}{4}$ von 28 cm = 28 cm : 4 · 3 = 21 cm

c $\quad \dfrac{7}{8}$ von 40 km = 40 km : 8 · 7 = 35 km

d $\quad \dfrac{2}{5}$ von 300 ℓ = 300 ℓ : 5 · 2 = 120 ℓ

e $\quad \dfrac{3}{7}$ von 77 t = 77 t : 7 · 3 = 33 t

f $\quad \dfrac{5}{9}$ von 450 $ = 450 $: 9 · 5 = 250 $

18 a ▪ Wasser: $\dfrac{4}{5}$ von 140 g = 140 g : 5 · 4 = 112 g

▪ Zucker: $\dfrac{3}{20}$ von 140 g = 140 g : 20 · 3 = 21 g

b ▪ Wasser: $\dfrac{7}{8}$ von 120 g = 120 g : 8 · 7 = 105 g

▪ Zucker: $\dfrac{1}{12}$ von 120 g = 120 g : 12 · 1 = 10 g

19 a $\quad \dfrac{1}{2}$ dm = $\dfrac{1}{2}$ von 10 cm = 10 cm : 2 = 5 cm

b $\quad \dfrac{4}{5}$ dm = $\dfrac{4}{5}$ von 10 cm = 10 cm : 5 · 4 = 8 cm

c $\quad \dfrac{9}{10}$ dm = $\dfrac{9}{10}$ von 10 cm = 10 cm : 10 · 9 = 9 cm

d $\quad \dfrac{1}{4}$ m = $\dfrac{1}{4}$ von 100 cm = 100 cm : 4 = 25 cm 1 m = 10 dm = 100 cm

Hast du's gewusst?

e $\dfrac{3}{20}$ m $= \dfrac{3}{20}$ von 100 cm $= 100$ cm $: 20 \cdot 3 = 15$ cm

f $\dfrac{3}{4}$ m $= \dfrac{3}{4}$ von 100 cm $= 100$ cm $: 4 \cdot 3 = 75$ cm

20   **a** $\dfrac{3}{4}$ h $= \dfrac{3}{4}$ von 60 min $= 60$ min $: 4 \cdot 3 = 45$ min

     b $\dfrac{4}{5}$ h $= \dfrac{4}{5}$ von 60 min $= 60$ min $: 5 \cdot 4 = 48$ min

     c $\dfrac{7}{12}$ h $= \dfrac{7}{12}$ von 60 min $= 60$ min $: 12 \cdot 7 = 35$ min

     d $\dfrac{5}{6}$ h $= \dfrac{5}{6}$ von 60 min $= 60$ min $: 6 \cdot 5 = 50$ min

21   **a** $\dfrac{1}{2}$ ℓ $= \dfrac{1}{2}$ von 1 000 mℓ $= 1\,000$ mℓ $: 2 = 500$ mℓ

     b $\dfrac{7}{10}$ ℓ $= \dfrac{7}{10}$ von 1 000 mℓ $= 1\,000$ mℓ $: 10 \cdot 7 = 700$ mℓ

22   **a** $\dfrac{4}{5}$ von 960 g $= 960$ g $: 5 \cdot 4 = 768$ g

     b $\dfrac{7}{12}$ von 960 g $= 960$ g $: 12 \cdot 7 = 560$ g

		wahr	falsch	
23 **a**	90 Kinder spielen am liebsten im Sand, das sind $\frac{3}{4}$ aller Kinder.	✗	☐	$120 : 4 \cdot 3 = 90$
b	96 Kinder sind jünger als 5 Jahre, das sind $\frac{4}{5}$ aller Kinder.	✗	☐	$120 : 5 \cdot 4 = 96$
c	In der KITA sind 65 Mädchen, das sind $\frac{2}{3}$ der Kinder.	☐	✗	$120 : 3 \cdot 2 = 80$
d	22 Kinder schlafen gerade, die restlichen $\frac{7}{8}$ toben herum.	☐	✗	$120 : 8 \cdot 7 = 105$ $120 - 105 = 15$
e	100 Kinder bleiben den ganzen Tag, das sind $\frac{5}{6}$ aller Kinder.	✗	☐	$120 : 6 \cdot 5 = 100$
f	Die KITA wird von 109 Kindern gerne besucht, das sind $\frac{11}{12}$ aller Kinder.	☐	✗	$120 : 12 \cdot 11 = 110$

Hast du's gewusst?

24 **a** $36\ \text{km} : 3 \cdot \text{🌫} = 24\ \text{km}$

  $12\ \text{km} \cdot \text{🌫} = 24\ \text{km}$

  $\text{🌫} = \mathbf{2}$

b $15\ € : \text{🌫} \cdot 2 = 10\ €$

  $15\ € : \text{🌫} = 5\ €$

  $\text{🌫} = \mathbf{3}$

c $\text{🌫}\ \text{kg} : 8 \cdot 7 = 315\ \text{kg}$

  $\text{🌫}\ \text{kg} = 315\ \text{kg} : 7 \cdot 8$

  $\text{🌫}\ \text{kg} = \mathbf{360}\ \text{kg}$

d Mögliche Lösung:

  $\dfrac{1}{5}$ von $100\ \text{m}^3 = 20\ \text{m}^3$

25 **a** $\dfrac{1}{7}$ von $245\ \text{m} = 245\ \text{m} : 7 = 35\ \text{m}$

Der sichtbare Teil des Eisbergs ist 35 m hoch.

b $245\ \text{m} - 35\ \text{m} = 210\ \text{m}$

Das untere Ende des Eisbergs befindet sich in einer Tiefe von 210 m.

c $\square : 7 = 15\ \text{m}$

  $\square = 15\ \text{m} \cdot 7$

  $\square = 105\ \text{m}$

Der Eisberg ist insgesamt 105 m hoch.

26 **a** $1 : 4 = \dfrac{1}{4}$

b $3 : 5 = \dfrac{3}{5}$

c $2 : 7 = \dfrac{2}{7}$

d $11 : 4 = \dfrac{11}{4} = 2\dfrac{3}{4}$

e $7 : 2 = \dfrac{7}{2} = 3\dfrac{1}{2}$

f $4 : 9 = \dfrac{4}{9}$

27 **a** $3\ \text{kg} : 8 = \dfrac{3}{8}\ \text{kg}$

Jedes Kind bekommt $\dfrac{3}{8}$ kg Weintrauben.

b $\dfrac{3}{8}$ von $1\,000\ \text{g} = 1\,000\ \text{g} : 8 \cdot 3 = 375\ \text{g}$

Jedes Kind bekommt 375 g Weintrauben.

28 $15\ € : 4 = \dfrac{15}{4}\ € = 3\dfrac{3}{4}\ €$

Die 4 Kinder bekommen zusammen 15 €.

$\dfrac{3}{4}$ von $100\ \text{ct} = 100\ \text{ct} : 4 \cdot 3 = 75\ \text{ct}$

$1\ € = 100\ \text{ct}$

Jedes Kind bekommt 3 € 75 ct.

Hast du's gewusst?

29　a

 $\dfrac{2}{3} = \dfrac{4}{6}$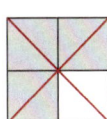

　b

$\dfrac{3}{4} = \dfrac{6}{8}$

30　a　Erweiterungszahl: 2
$$\frac{1}{2} = \frac{1 \cdot \mathbf{2}}{2 \cdot \mathbf{2}} = \frac{2}{4}$$

　b　Erweiterungszahl: 4
$$\frac{1}{2} = \frac{1 \cdot \mathbf{4}}{2 \cdot \mathbf{4}} = \frac{4}{8}$$

　c　Erweiterungszahl: 4
$$\frac{1}{4} = \frac{1 \cdot \mathbf{4}}{4 \cdot \mathbf{4}} = \frac{4}{16}$$

　d　Erweiterungszahl: 3
$$\frac{4}{5} = \frac{4 \cdot \mathbf{3}}{5 \cdot \mathbf{3}} = \frac{12}{15}$$

31　a　Erweiterungszahl: 4
$$\frac{1}{7} = \frac{1 \cdot \mathbf{4}}{7 \cdot \mathbf{4}} = \frac{4}{28}$$

　b　Erweiterungszahl: 5
$$\frac{1}{12} = \frac{1 \cdot \mathbf{5}}{12 \cdot \mathbf{5}} = \frac{5}{60}$$

　c　Erweiterungszahl: 2
$$\frac{5}{6} = \frac{5 \cdot \mathbf{2}}{6 \cdot \mathbf{2}} = \frac{10}{12}$$

　d　Erweiterungszahl: 6
$$\frac{2}{3} = \frac{2 \cdot \mathbf{6}}{3 \cdot \mathbf{6}} = \frac{12}{18}$$

　e　Erweiterungszahl: 6
$$\frac{4}{15} = \frac{4 \cdot \mathbf{6}}{15 \cdot \mathbf{6}} = \frac{24}{90}$$

　f　Erweiterungszahl: 4
$$\frac{9}{30} = \frac{9 \cdot \mathbf{4}}{30 \cdot \mathbf{4}} = \frac{36}{120}$$

32

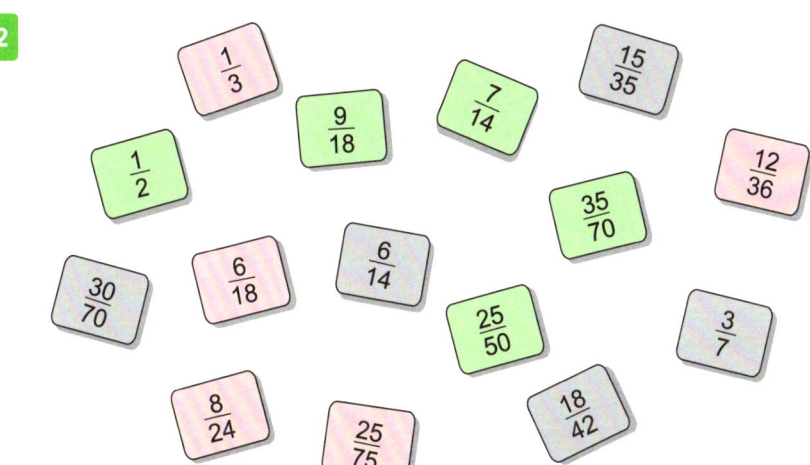

33 a $\dfrac{1}{3}=\dfrac{1\cdot 3}{3\cdot 3}=\dfrac{3}{9}$ $\dfrac{1}{3}=\dfrac{1\cdot 5}{3\cdot 5}=\dfrac{5}{15}$ $\dfrac{1}{3}=\dfrac{1\cdot 8}{3\cdot 8}=\dfrac{8}{24}$

  b $\dfrac{5}{8}=\dfrac{5\cdot 2}{8\cdot 2}=\dfrac{10}{16}$ $\dfrac{5}{8}=\dfrac{5\cdot 7}{8\cdot 7}=\dfrac{35}{56}$ $\dfrac{5}{8}=\dfrac{5\cdot 9}{8\cdot 9}=\dfrac{45}{72}$

  c $\dfrac{5}{12}=\dfrac{5\cdot 4}{12\cdot 4}=\dfrac{20}{48}$ $\dfrac{5}{12}=\dfrac{5\cdot 5}{12\cdot 5}=\dfrac{25}{60}$ $\dfrac{5}{12}=\dfrac{5\cdot 6}{12\cdot 6}=\dfrac{30}{72}$

  d $\dfrac{10}{21}=\dfrac{10\cdot 2}{21\cdot 2}=\dfrac{20}{42}$ $\dfrac{10}{21}=\dfrac{10\cdot 3}{21\cdot 3}=\dfrac{30}{63}$ $\dfrac{10}{21}=\dfrac{10\cdot 10}{21\cdot 10}=\dfrac{100}{210}$

34 $\dfrac{2}{7}=\dfrac{2\cdot 4}{7\cdot 4}=\dfrac{\mathbf{8}}{28}$ $\dfrac{5}{6}=\dfrac{5\cdot 8}{6\cdot 8}=\dfrac{40}{\mathbf{48}}$ $\dfrac{7}{12}=\dfrac{7\cdot 5}{12\cdot 5}=\dfrac{35}{\mathbf{60}}$

  $\dfrac{9}{10}=\dfrac{9\cdot 6}{10\cdot 6}=\dfrac{\mathbf{54}}{60}$ $\dfrac{2}{\mathbf{5}}=\dfrac{2\cdot 6}{5\cdot 6}=\dfrac{12}{30}$ $\dfrac{11}{\mathbf{20}}=\dfrac{11\cdot 5}{20\cdot 5}=\dfrac{55}{100}$

35 a $\dfrac{1}{5}=\dfrac{1\cdot 2}{5\cdot 2}=\dfrac{2}{10}$ $\dfrac{1}{5}=\dfrac{1\cdot 3}{5\cdot 3}=\dfrac{3}{15}$

  b $\dfrac{5}{8}=\dfrac{5\cdot 3}{8\cdot 3}=\dfrac{15}{24}$ $\dfrac{5}{8}=\dfrac{5\cdot 5}{8\cdot 5}=\dfrac{25}{40}$

  c $\dfrac{3}{7}=\dfrac{3\cdot 3}{7\cdot 3}=\dfrac{9}{21}$ $\dfrac{3}{7}=\dfrac{3\cdot 8}{7\cdot 8}=\dfrac{24}{56}$

  d $\dfrac{7}{12}=\dfrac{7\cdot 6}{12\cdot 6}=\dfrac{42}{72}$ $\dfrac{7}{12}=\dfrac{7\cdot 10}{12\cdot 10}=\dfrac{70}{120}$

36 a $\dfrac{6}{8}=\dfrac{3}{4}$

  b $\dfrac{5}{10}=\dfrac{1}{2}$

  c $\dfrac{6}{10}=\dfrac{3}{5}$

37 a $\dfrac{1}{4}$ b $\dfrac{3}{4}$

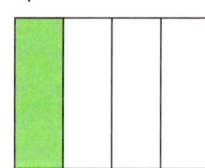   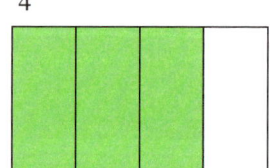

38

kürzen	$\dfrac{12}{36}$	$\dfrac{24}{84}$	$\dfrac{120}{48}$
mit 2	$\dfrac{6}{18}$	$\dfrac{12}{42}$	$\dfrac{60}{24}$
mit 3	$\dfrac{4}{12}$	$\dfrac{8}{28}$	$\dfrac{40}{16}$
mit 4	$\dfrac{3}{9}$	$\dfrac{6}{21}$	$\dfrac{30}{12}$

39 a $\dfrac{6}{9} = \dfrac{6:3}{9:3} = \dfrac{2}{3}$ b $\dfrac{2}{18} = \dfrac{2:2}{18:2} = \dfrac{1}{9}$

c $\dfrac{10}{25} = \dfrac{10:5}{25:5} = \dfrac{2}{5}$ d $\dfrac{12}{32} = \dfrac{12:4}{32:4} = \dfrac{3}{8}$

e $\dfrac{14}{18} = \dfrac{14:2}{18:2} = \dfrac{7}{9}$ f $\dfrac{121}{132} = \dfrac{121:11}{132:11} = \dfrac{11}{12}$

40 a $\dfrac{30}{35} = \dfrac{30:5}{35:5} = \dfrac{6}{7}$ b $\dfrac{12}{20} = \dfrac{12:2}{20:2} = \dfrac{6}{10}$

c $\dfrac{15}{21} = \dfrac{15:3}{21:3} = \dfrac{5}{7}$ d $\dfrac{25}{75} = \dfrac{25:5}{75:5} = \dfrac{5}{15}$ (richtig gelöst!)

41 a $\dfrac{3}{9} = \dfrac{3:3}{9:3} = \dfrac{1}{3}$ b $\dfrac{12}{16} = \dfrac{12:4}{16:4} = \dfrac{3}{4}$

c $\dfrac{30}{50} = \dfrac{30:10}{50:10} = \dfrac{3}{5}$ d $\dfrac{36}{54} = \dfrac{36:9}{54:9} = \dfrac{4}{6} = \dfrac{4:2}{6:2} = \dfrac{2}{3}$

e $\dfrac{77}{121} = \dfrac{77:11}{121:11} = \dfrac{7}{11}$ f $\dfrac{48}{90} = \dfrac{48:6}{90:6} = \dfrac{8}{15}$

42 Lösungswort: **S C H A T Z**

43

		wahr	falsch	
a	2 Viertel ist das Gleiche wie 1 Halbes.	✗	☐	$\dfrac{2}{4} = \dfrac{1}{2}$
b	In 1 Drittel „passen" genau 2 Viertel.	☐	✗	$\dfrac{1}{3} \neq \dfrac{2}{4}$
c	2 Fünftel sind genauso viel wie 1 Zehntel.	☐	✗	$\dfrac{2}{5} \neq \dfrac{1}{10}$
d	4 Achtel sind genauso viel wie 3 Sechstel.	✗	☐	$\dfrac{4}{8} = \dfrac{1}{2}$; $\dfrac{3}{6} = \dfrac{1}{2}$

Hast du's gewusst?

44

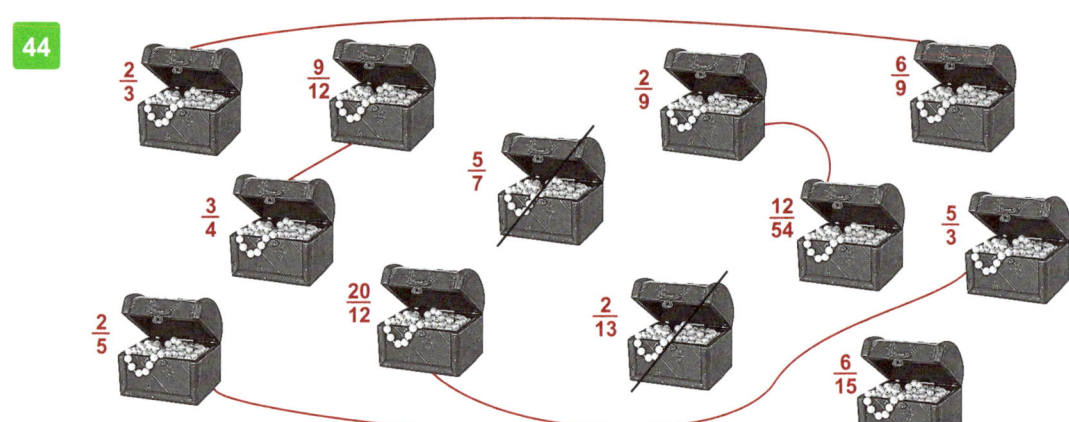

45 $H: \dfrac{12}{20}$ $A: \dfrac{14}{20}$ $U: \dfrac{10}{20}$ $S: \dfrac{8}{20}$

$$\dfrac{8}{20} < \dfrac{10}{20} < \dfrac{12}{20} < \dfrac{14}{20}$$

46 a $\dfrac{2}{5} < \dfrac{3}{5}$ b $\dfrac{7}{8} > \dfrac{5}{8}$

c $\dfrac{4}{7} < \dfrac{5}{7}$ d $\dfrac{17}{25} < \dfrac{22}{25}$

47 a $\dfrac{2}{5} > \dfrac{2}{9}$ b $\dfrac{7}{12} < \dfrac{7}{11}$

c $\dfrac{8}{15} < \dfrac{8}{9}$ d $\dfrac{12}{25} < \dfrac{12}{23}$

48

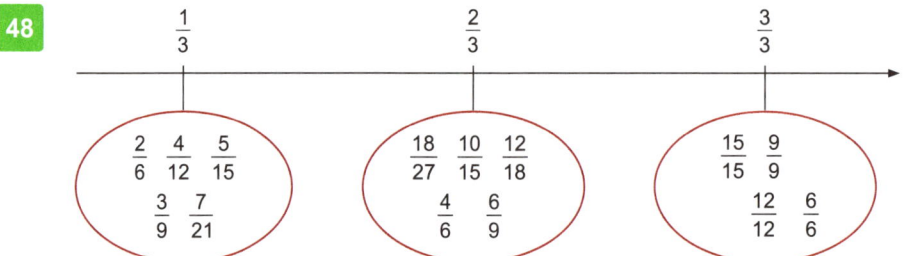

49

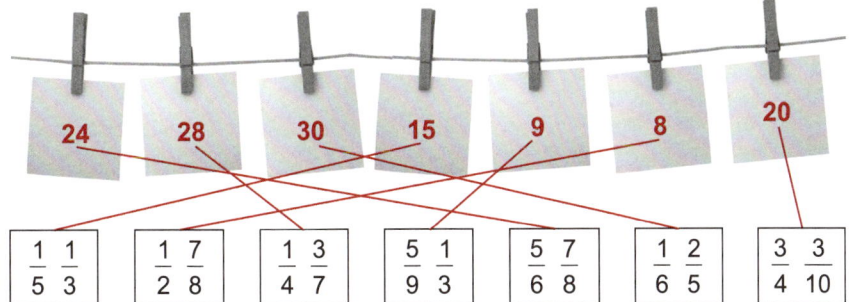

$$\boxed{\dfrac{1}{5}\ \dfrac{1}{3}}\quad \boxed{\dfrac{1}{2}\ \dfrac{7}{8}}\quad \boxed{\dfrac{1}{4}\ \dfrac{3}{7}}\quad \boxed{\dfrac{5}{9}\ \dfrac{1}{3}}\quad \boxed{\dfrac{5}{6}\ \dfrac{7}{8}}\quad \boxed{\dfrac{1}{6}\ \dfrac{2}{5}}\quad \boxed{\dfrac{3}{4}\ \dfrac{3}{10}}$$

50

a HN = 6: $\dfrac{1}{2} = \dfrac{3}{6}$

$\dfrac{1}{2} < \dfrac{5}{6}$

b HN = 15: $\dfrac{2}{5} = \dfrac{6}{15}$; $\dfrac{1}{3} = \dfrac{5}{15}$

$\dfrac{2}{5} > \dfrac{1}{3}$

c HN = 20: $\dfrac{3}{4} = \dfrac{15}{20}$; $\dfrac{4}{5} = \dfrac{16}{20}$

$\dfrac{3}{4} < \dfrac{4}{5}$

d $\dfrac{1}{3} = \dfrac{3}{9}$

e HN = 21: $\dfrac{2}{3} = \dfrac{14}{21}$; $\dfrac{4}{7} = \dfrac{12}{21}$

$\dfrac{2}{3} > \dfrac{4}{7}$

f HN = 22: $\dfrac{4}{11} = \dfrac{8}{22}$; $\dfrac{5}{10} = \dfrac{1}{2} = \dfrac{11}{22}$

$\dfrac{4}{11} < \dfrac{5}{10}$

51

a HN = 12: $\dfrac{1}{6} = \dfrac{2}{12}$; $\dfrac{2}{3} = \dfrac{8}{12}$

$\dfrac{1}{6} < \dfrac{7}{12} < \dfrac{2}{3}$

b HN = 10: $\dfrac{1}{2} = \dfrac{5}{10}$; $\dfrac{3}{5} = \dfrac{6}{10}$

$\dfrac{1}{2} < \dfrac{3}{5} < \dfrac{7}{10}$

c HN = 12: $\dfrac{5}{6} = \dfrac{10}{12}$; $\dfrac{1}{3} = \dfrac{4}{12}$; $\dfrac{3}{4} = \dfrac{9}{12}$

$\dfrac{1}{3} < \dfrac{3}{4} < \dfrac{5}{6}$

d HN = 84: $\dfrac{3}{7} = \dfrac{36}{84}$; $\dfrac{5}{12} = \dfrac{35}{84}$; $\dfrac{5}{6} = \dfrac{70}{84}$

$\dfrac{5}{12} < \dfrac{3}{7} < \dfrac{5}{6}$

52

a $\dfrac{1}{2} = \dfrac{3}{6}$

$\dfrac{1}{6} < \dfrac{\mathbf{2}}{\mathbf{6}} < \dfrac{3}{6}$

b $\dfrac{4}{7} = \dfrac{12}{21}$; $\dfrac{2}{3} = \dfrac{14}{21}$

$\dfrac{12}{21} < \dfrac{\mathbf{13}}{\mathbf{21}} < \dfrac{14}{21}$

Hast du's gewusst?

c $\quad \dfrac{1}{4} = \dfrac{9}{36}; \dfrac{4}{9} = \dfrac{16}{36}$

$\dfrac{9}{36} < \dfrac{\mathbf{10}}{\mathbf{36}} < \dfrac{\mathbf{15}}{\mathbf{36}} < \dfrac{16}{36}$

d $\quad \dfrac{4}{5} = \dfrac{24}{30}; \dfrac{5}{6} = \dfrac{25}{30} \qquad \dfrac{24}{30} = \dfrac{48}{60}; \dfrac{25}{30} = \dfrac{50}{60}$ $\qquad$ Der Hauptnenner reicht hier nicht aus.

$\dfrac{48}{60} < \dfrac{\mathbf{49}}{\mathbf{60}} < \dfrac{50}{60}$

53 a

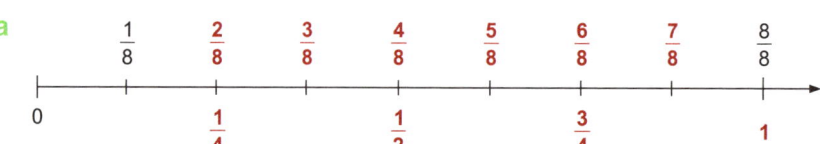

b

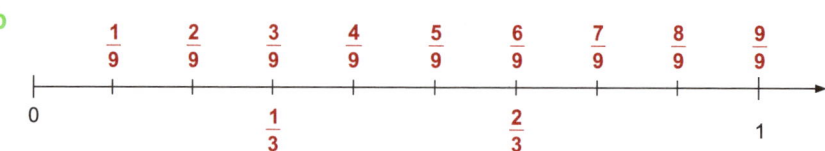

54 $\quad \dfrac{3}{4} = \dfrac{6}{8} \;\Rightarrow\; \dfrac{3}{4} < \dfrac{7}{8}$ $\qquad$ HN = 8

Eine Dreiviertel-Hose ist kürzer als eine Siebenachtel-Hose.

55 Andreas: $\quad \dfrac{3}{4} = \dfrac{18}{24}$ $\qquad$ HN = 24

Mike: $\quad \dfrac{5}{6} = \dfrac{20}{24}$

Lena: $\quad \dfrac{7}{8} = \dfrac{21}{24}$

$\dfrac{3}{4} < \dfrac{5}{6} < \dfrac{7}{8}$

Lena hat am meisten gegessen.

56 Selina: $\quad \dfrac{2}{3}\,\ell = \dfrac{8}{12}\,\ell$ $\qquad$ HN = 12

Tommy: $\quad \dfrac{3}{4}\,\ell = \dfrac{9}{12}\,\ell$

$\dfrac{2}{3}\,\ell < \dfrac{3}{4}\,\ell$

Tommy hat mehr in der Flasche.

Hast du's gewusst?

Test 1

Mögliche halbe bzw. ganze Punkte sind durch halbe (✔) bzw. ganze (✔) Häkchen gekennzeichnet.

1 **a** rot: $\frac{1}{2}$ ✔

     grün: $\frac{1}{2}$ ✔

b rot: $\frac{5}{12}$ ✔

     grün: $\frac{7}{12}$ ✔

2   0 $\frac{1}{8}$ ✔ $\frac{2}{8}$ ✔ $\frac{3}{8}$ ✔ $\frac{1}{2}$ $\frac{5}{8}$ ✔ $\frac{6}{8}$ ✔ $\frac{7}{8}$ ✔   1

$\left(\frac{1}{4} ✔\right)$ $\left(\frac{3}{4} ✔\right)$

3 **a** ✔   **b** ✔ $\frac{5}{8} = \frac{15}{24}$

4 **a** $\frac{9}{4}$ ✔ $= 2\frac{1}{4}$ ✔   **b** $\frac{31}{9}$ ✔ $= 3\frac{4}{9}$ ✔

5 **a** $\frac{7}{10}$ kg $= \mathbf{700}$ g   **b** $\frac{3}{4}$ kg $= \mathbf{750}$ g

     $1\,000$ g $: 10 \cdot 7 = 700$ g ✔ $1\,000$ g $: 4 \cdot 3 = 750$ g ✔

6 **a** erweitert mit: **5** ✔   **b** erweitert mit: **4** ✔

     c erweitert mit: **6** ✔   **d** erweitert mit: **4** ✔

7 **a** $\frac{5}{8} = \frac{\mathbf{20}}{32}$ ✔   **b** $\frac{3}{7} = \frac{21}{\mathbf{49}}$ ✔

     c $\frac{\mathbf{3}}{5} = \frac{24}{40}$ ✔   **d** $\frac{8}{\mathbf{15}} = \frac{48}{90}$ ✔

8 $\frac{3}{5}$ von $15\,€ = 15 : 5 \cdot 3 = 9\,€$ ✔

$\frac{2}{3}$ von $15\,€ = 15 : 3 \cdot 2 = 10\,€$ ✔

Vicky hat mehr Geld ausgegeben. ✔

(oder:

$$\frac{3}{5} = \frac{9}{15} \text{✗}; \quad \frac{2}{3} = \frac{10}{15} \text{✗}$$

$$\frac{9}{15} < \frac{10}{15} \text{✓}$$

Vicky hat mehr Geld ausgegeben. ✓)

9 a $\frac{5}{6} > \frac{5}{7}$ ✗

b $\frac{3}{7} = \frac{9}{21}$ ✗; $\frac{2}{3} = \frac{14}{21}$ ✗

$\frac{3}{7} < \frac{2}{3}$ ✗

c $\frac{3}{12} = \frac{1}{4}$ ✗

d $\frac{5}{6} = \frac{25}{30}$ ✗; $\frac{4}{5} = \frac{24}{30}$ ✗

$\frac{5}{6} > \frac{4}{5}$ ✗

Test 2

Mögliche halbe bzw. ganze Punkte sind durch halbe (✗) bzw. ganze (✓) Häkchen gekennzeichnet.

1 a rot: $\frac{3}{7}$ ✗

b rot: $\frac{1}{8}$ ✗

grün: $\frac{4}{7}$ ✗

grün: $\frac{7}{8}$ ✗

2 a 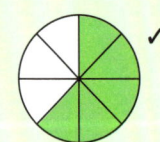 ✓

b  ✓

3

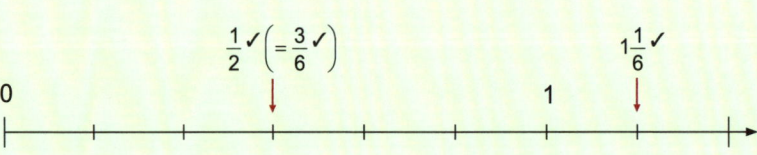

4 a $\frac{10}{3} = 3\frac{1}{3}$ ✓

b $4\frac{5}{7} = \frac{33}{7}$ ✓

5   **a** $\dfrac{2}{5}$ km = **400** m

$1\,000$ m : $5 \cdot 2 = 400$ m ✔

b $\dfrac{7}{10}$ ℓ = **700** $m\ell$

$1\,000$ $m\ell$: $10 \cdot 7 = 700$ $m\ell$ ✔

c $3\dfrac{1}{2}$ m = **350** cm

3 m = 300 cm

$\dfrac{1}{2}$ m = 100 cm : $2 = 50$ cm ✔

300 cm + 50 cm = 350 cm ✔

d $2\dfrac{1}{3}$ h = **140** min

2 h = 120 min

$\dfrac{1}{3}$ h = 60 min : $3 = 20$ min ✔

120 min + 20 min = 140 min ✔

6   **a** $\dfrac{5}{12} = \dfrac{20}{48}$ ✔

b $\dfrac{3}{8} = \dfrac{18}{48}$ ✔

c $\dfrac{10}{6} = \dfrac{80}{48}$ ✔ $= 1\dfrac{32}{48}$ ✔

d $\dfrac{7}{4} = \dfrac{84}{48}$ ✔ $= 1\dfrac{36}{48}$ ✔

7

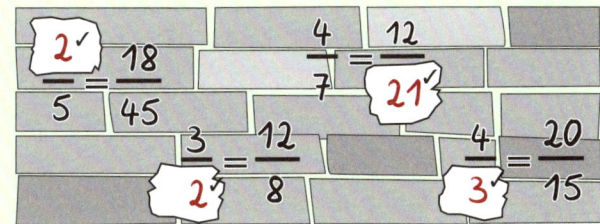

8 $\dfrac{2}{3}\,\ell = \dfrac{16}{24}\,\ell$; $\dfrac{5}{8}\,\ell = \dfrac{15}{24}\,\ell$; $\dfrac{1}{4}\,\ell = \dfrac{6}{24}\,\ell$; $\dfrac{5}{6}\,\ell = \dfrac{20}{24}\,\ell$; $\dfrac{1}{2}\,\ell = \dfrac{12}{24}\,\ell$ ✔

$\dfrac{1}{4}\,\ell < \dfrac{1}{2}\,\ell < \dfrac{5}{8}\,\ell < \dfrac{2}{3}\,\ell < \dfrac{5}{6}\,\ell$ ✔

Am meisten Olivenöl ist in der $\frac{5}{6}$-ℓ- Flasche, am wenigsten ist in der $\frac{1}{4}$-ℓ- Flasche. ✔

9 $\dfrac{5}{8} = \dfrac{45}{72}$ ✔ ; $\dfrac{6}{9} = \dfrac{48}{72}$ ✔

$\dfrac{5}{8} < \dfrac{6}{9}$ ✔

Maik hat im Verhältnis besser geschossen. ✔

Mit Brüchen rechnen

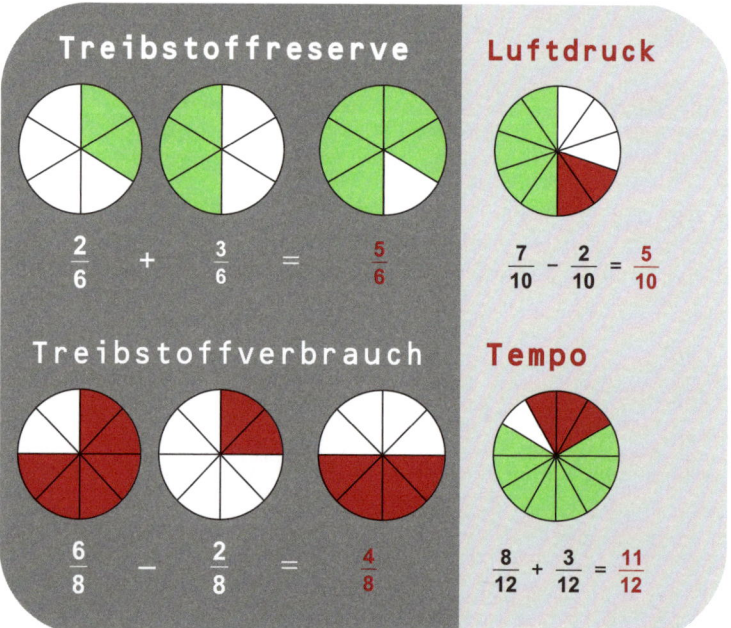

Treibstoffreserve	Luftdruck
$\frac{2}{6} + \frac{3}{6} = \frac{5}{6}$	$\frac{7}{10} - \frac{2}{10} = \frac{5}{10}$
Treibstoffverbrauch	**Tempo**
$\frac{6}{8} - \frac{2}{8} = \frac{4}{8}$	$\frac{8}{12} + \frac{3}{12} = \frac{11}{12}$

57

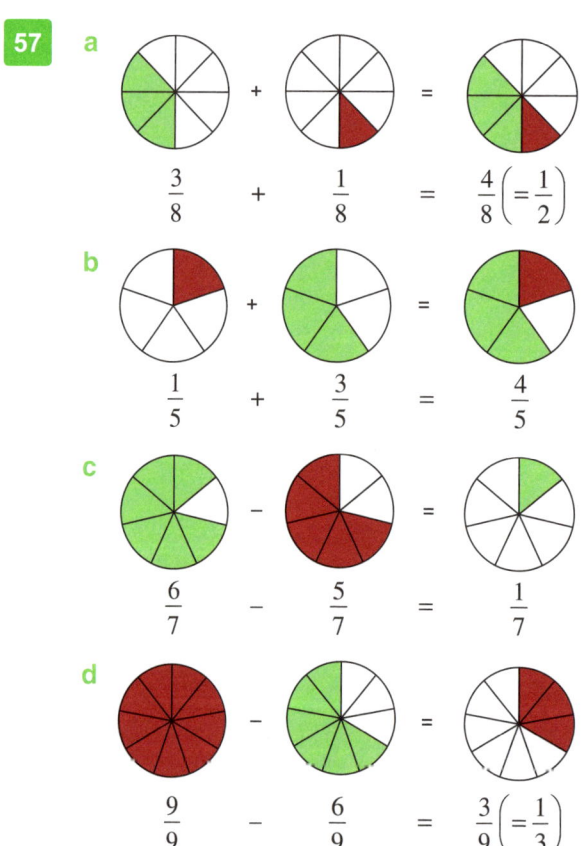

a $\quad \frac{3}{8} + \frac{1}{8} = \frac{4}{8}\left(=\frac{1}{2}\right)$

b $\quad \frac{1}{5} + \frac{3}{5} = \frac{4}{5}$

c $\quad \frac{6}{7} - \frac{5}{7} = \frac{1}{7}$

d $\quad \frac{9}{9} - \frac{6}{9} = \frac{3}{9}\left(=\frac{1}{3}\right)$

Hast du's gewusst?

58 a

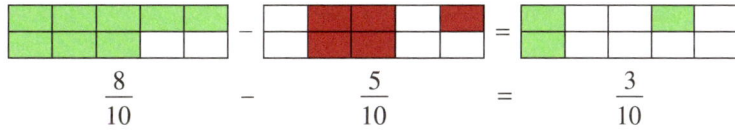

$$\frac{8}{10} \qquad - \qquad \frac{5}{10} \qquad = \qquad \frac{3}{10}$$

b

$$\frac{7}{8} \qquad - \qquad \frac{5}{8} \qquad = \qquad \frac{2}{8} = \left(\frac{1}{4}\right)$$

59 a $\dfrac{2}{6}+\dfrac{1}{6}=\dfrac{3}{6}=\dfrac{1}{2}$ \qquad b $\dfrac{3}{8}+\dfrac{5}{8}=\dfrac{8}{8}=1$

c $\dfrac{5}{9}+\dfrac{2}{9}=\dfrac{7}{9}$ \qquad d $\dfrac{8}{9}-\dfrac{5}{9}=\dfrac{3}{9}=\dfrac{1}{3}$

e $\dfrac{7}{8}-\dfrac{3}{8}=\dfrac{4}{8}=\dfrac{1}{2}$ \qquad f $\dfrac{6}{7}-\dfrac{2}{7}=\dfrac{4}{7}$

g $\dfrac{9}{10}-\dfrac{3}{10}-\dfrac{1}{10}=\dfrac{9-3-1}{10}=\dfrac{5}{10}=\dfrac{1}{2}$ \qquad h $\dfrac{7}{8}-\dfrac{5}{8}+\dfrac{3}{8}=\dfrac{7-5+3}{8}=\dfrac{5}{8}$

60 a $\dfrac{3}{5}+\dfrac{1}{5}=\dfrac{4}{5}$

Die beiden haben $\dfrac{4}{5}$ der Tüte gegessen.

b $\dfrac{5}{5}-\dfrac{4}{5}=\dfrac{1}{5}$ \hfill Die ganze Tüte entspricht $1=\frac{5}{5}$.

Es ist noch $\dfrac{1}{5}$ der Tüte übrig.

61 a $\dfrac{7}{8};\dfrac{9}{8}$ \hfill Es werden jeweils $\frac{2}{8}$ addiert.

b $\dfrac{8}{13};\dfrac{10}{13}$ \hfill Es werden abwechselnd $\frac{3}{13}$ subtrahiert und $\frac{2}{13}$ addiert.

c $\dfrac{7}{10};\dfrac{9}{10}$ \hfill Es werden jeweils $\frac{2}{10}$ addiert. $\frac{1}{2}=\frac{5}{10}$

62 ▪ Getreide und Bio-Kartoffeln: $\dfrac{2}{7}+\dfrac{1}{7}=\dfrac{3}{7}$

▪ Mais: $\dfrac{7}{7}-\dfrac{3}{7}=\dfrac{4}{7}$ \hfill Die gesamte Anbaufläche entspricht $1=\frac{7}{7}$.

Landwirt Klöhn hat $\dfrac{4}{7}$ seiner Anbaufläche mit Mais bestellt.

Hast du's gewusst?

63 a ■ Eichen und Buchen: $\frac{2}{9}+\frac{4}{9}=\frac{6}{9}=\frac{2}{3}$

     ■ Fichten: $\frac{3}{3}-\frac{2}{3}=\frac{1}{3}$ Der gesamte Baumbestand entspricht $1=\frac{3}{3}$.

$\frac{1}{3}$ der Neuaufforstung entfällt auf die Fichten.

  b ■ Eichen: $\frac{2}{9}$ von $2\,250=2\,250:9\cdot2=500$

     ■ Buchen: $\frac{4}{9}$ von $2\,250=2\,250:9\cdot4=1\,000$

     ■ Fichten: $\frac{1}{3}$ von $2\,250=2\,250:3=750$

Es werden 500 Eichen, 1 000 Buchen und 750 Fichten benötigt.

64 a $\frac{1}{4}+\frac{7}{8}=\frac{2}{8}+\frac{7}{8}=\frac{9}{8}=1\frac{1}{8}$ b $\frac{2}{3}+\frac{5}{9}=\frac{6}{9}+\frac{5}{9}=\frac{11}{9}=1\frac{2}{9}$

  c $\frac{9}{10}-\frac{3}{5}=\frac{9}{10}-\frac{6}{10}=\frac{3}{10}$ d $\frac{7}{12}-\frac{1}{2}=\frac{7}{12}-\frac{6}{12}=\frac{1}{12}$

65 a $\frac{1}{4}+\frac{1}{8}=\frac{2}{8}+\frac{1}{8}=\frac{3}{8}$ b $\frac{1}{2}+\frac{1}{6}=\frac{3}{6}+\frac{1}{6}=\frac{4}{6}=\frac{2}{3}$

  c $\frac{2}{5}+\frac{3}{10}=\frac{4}{10}+\frac{3}{10}=\frac{7}{10}$ d $\frac{1}{2}+\frac{1}{8}=\frac{4}{8}+\frac{1}{8}=\frac{5}{8}$

  e $\frac{3}{6}+\frac{1}{3}=\frac{3}{6}+\frac{2}{6}=\frac{5}{6}$ f $\frac{2}{5}+\frac{3}{10}=\frac{4}{10}+\frac{3}{10}=\frac{7}{10}$

66 a $\frac{3}{4}-\frac{1}{8}=\frac{6}{8}-\frac{1}{8}=\frac{5}{8}$ b $\frac{2}{3}-\frac{1}{6}=\frac{4}{6}-\frac{1}{6}=\frac{3}{6}=\frac{1}{2}$

  c $\frac{5}{6}-\frac{1}{12}=\frac{10}{12}-\frac{1}{12}=\frac{9}{12}=\frac{3}{4}$ d $\frac{1}{2}-\frac{1}{8}=\frac{4}{8}-\frac{1}{8}=\frac{3}{8}$

  e $\frac{3}{4}-\frac{2}{8}=\frac{3}{4}-\frac{1}{4}=\frac{2}{4}=\frac{1}{2}$ f $\frac{2}{3}-\frac{2}{9}=\frac{6}{9}-\frac{2}{9}=\frac{4}{9}$

67 a $\frac{2}{3}+\frac{5}{8}=\frac{16}{24}+\frac{15}{24}=\frac{31}{24}=1\frac{7}{24}$ b $\frac{6}{7}+\frac{3}{4}=\frac{24}{28}+\frac{21}{28}=\frac{45}{28}=1\frac{17}{28}$

     $\frac{2}{3}-\frac{5}{8}=\frac{16}{24}-\frac{15}{24}=\frac{1}{24}$ $\frac{6}{7}-\frac{3}{4}=\frac{24}{28}-\frac{21}{28}=\frac{3}{28}$

  c $\frac{5}{4}+\frac{7}{6}=\frac{15}{12}+\frac{14}{12}=\frac{29}{12}=2\frac{5}{12}$ d $\frac{7}{9}+\frac{7}{12}=\frac{28}{36}+\frac{21}{36}=\frac{49}{36}=1\frac{13}{36}$

     $\frac{5}{4}-\frac{7}{6}=\frac{15}{12}-\frac{14}{12}=\frac{1}{12}$ $\frac{7}{9}-\frac{7}{12}=\frac{28}{36}-\frac{21}{36}=\frac{7}{36}$

Hast du's gewusst?

68

a $\dfrac{3}{5}+\dfrac{7}{10}+\dfrac{8}{15}=\dfrac{18}{30}+\dfrac{21}{30}+\dfrac{16}{30}=\dfrac{18+21+16}{30}=\dfrac{55}{30}=1\dfrac{25}{30}=1\dfrac{5}{6}$

b $\dfrac{5}{6}+\dfrac{11}{12}+\dfrac{15}{18}=\dfrac{30}{36}+\dfrac{33}{36}+\dfrac{30}{36}=\dfrac{30+33+30}{36}=\dfrac{93}{36}=2\dfrac{21}{36}=2\dfrac{7}{12}$

c $\dfrac{3}{4}+\dfrac{7}{12}+\dfrac{11}{20}=\dfrac{45}{60}+\dfrac{35}{60}+\dfrac{33}{60}=\dfrac{45+35+33}{60}=\dfrac{113}{60}=1\dfrac{53}{60}$

d $\dfrac{57}{10}-\dfrac{8}{5}-\dfrac{7}{4}=\dfrac{114}{20}-\dfrac{32}{20}-\dfrac{35}{20}=\dfrac{114-32-35}{20}=\dfrac{47}{20}=2\dfrac{7}{20}$

e $\dfrac{15}{4}-\dfrac{2}{9}-\dfrac{5}{6}=\dfrac{135}{36}-\dfrac{8}{36}-\dfrac{30}{36}=\dfrac{135-8-30}{36}=\dfrac{97}{36}=2\dfrac{25}{36}$

f $\dfrac{15}{4}-\dfrac{7}{12}-\dfrac{8}{15}=\dfrac{225}{60}-\dfrac{35}{60}-\dfrac{32}{60}=\dfrac{225-35-32}{60}=\dfrac{158}{60}=2\dfrac{38}{60}=2\dfrac{19}{30}$

69

a $\dfrac{5}{6}+\boxed{}=\dfrac{29}{24}$ addieren: „+"

$\Rightarrow\boxed{}=\dfrac{29}{24}-\dfrac{5}{6}=\dfrac{29}{24}-\dfrac{20}{24}=\dfrac{9}{24}=\dfrac{3}{8}$

b $\dfrac{1}{2}+\boxed{}=\dfrac{19}{22}$ Summe: „+"

$\Rightarrow\boxed{}=\dfrac{19}{22}-\dfrac{1}{2}=\dfrac{19}{22}-\dfrac{11}{22}=\dfrac{8}{22}=\dfrac{4}{11}$

c $\boxed{}-\dfrac{1}{7}=\dfrac{1}{5}$ subtrahieren: „–"

$\Rightarrow\boxed{}=\dfrac{1}{5}+\dfrac{1}{7}=\dfrac{7}{35}+\dfrac{5}{35}=\dfrac{12}{35}$

d $\boxed{}-\dfrac{3}{8}=\dfrac{4}{9}$ Differenz: „–"

$\Rightarrow\boxed{}=\dfrac{4}{9}+\dfrac{3}{8}=\dfrac{32}{72}+\dfrac{27}{72}=\dfrac{59}{72}$

70

a $8\dfrac{3}{8}+3\dfrac{2}{3}=11\dfrac{3}{8}+\dfrac{2}{3}=11\dfrac{9}{24}+\dfrac{16}{24}=11\dfrac{25}{24}=12\dfrac{1}{24}$

Hier werden zuerst die Ganzen addiert bzw. subtrahiert. Du kannst die gemischten Zahlen aber auch in unechte Brüche umwandeln.

b $10\dfrac{4}{9}+5\dfrac{5}{6}=15\dfrac{4}{9}+\dfrac{5}{6}=15\dfrac{8}{18}+\dfrac{15}{18}=15\dfrac{23}{18}=16\dfrac{5}{18}$

c $4\dfrac{6}{7}+7\dfrac{4}{5}=11\dfrac{6}{7}+\dfrac{4}{5}=11\dfrac{30}{35}+\dfrac{28}{35}=11\dfrac{58}{35}=12\dfrac{23}{35}$

d $4\dfrac{1}{6}-2\dfrac{2}{3}=2\dfrac{1}{6}-\dfrac{2}{3}=1\dfrac{7}{6}-\dfrac{4}{6}=1\dfrac{3}{6}=1\dfrac{1}{2}$

Hast du's gewusst?

e $\quad 7\frac{5}{12} - 5\frac{7}{9} = 2\frac{5}{12} - \frac{7}{9} = \mathbf{2}\frac{15}{36} - \frac{28}{36} = 1\frac{\mathbf{51}}{36} - \frac{28}{36} = 1\frac{23}{36}$

f $\quad 13\frac{3}{10} - 8\frac{3}{4} = 5\frac{3}{10} - \frac{3}{4} = \mathbf{5}\frac{6}{20} - \frac{15}{20} = 4\frac{\mathbf{26}}{20} - \frac{15}{20} = 4\frac{11}{20}$

71 **a** $\quad \frac{1}{4} + \frac{1}{2} = \frac{1}{4} + \frac{2}{4} = \frac{3}{4}$

$\quad\quad \frac{1}{2} + \frac{2}{3} = \frac{3}{6} + \frac{4}{6} = \frac{7}{6} = 1\frac{1}{6}$

$\quad\quad \frac{2}{3} + \frac{5}{6} = \frac{4}{6} + \frac{5}{6} = \frac{9}{6} = \frac{3}{2} = 1\frac{1}{2}$

$\quad\quad \frac{3}{4} + 1\frac{1}{6} = \frac{9}{12} + 1\frac{2}{12} = 1\frac{11}{12}$

$\quad\quad 1\frac{1}{6} + 1\frac{1}{2} = 2\frac{1}{6} + \frac{1}{2} = 2\frac{1}{6} + \frac{3}{6} = 2\frac{4}{6} = 2\frac{2}{3}$

$\quad\quad 1\frac{11}{12} + 2\frac{2}{3} = 3\frac{11}{12} + \frac{2}{3} = 3\frac{11}{12} + \frac{8}{12} = 3\frac{19}{12} = 4\frac{7}{12}$

b $\quad 10\frac{3}{8} - 4\frac{3}{8} = 6$

$\quad\quad 4\frac{3}{8} - 1\frac{7}{8} = 3\frac{3}{8} - \frac{7}{8} = 2\frac{11}{8} - \frac{7}{8} = 2\frac{4}{8} = 2\frac{1}{2}$

$\quad\quad 6 - 1\frac{7}{8} = 5 - \frac{7}{8} = 4\frac{8}{8} - \frac{7}{8} = 4\frac{1}{8}$

$\quad\quad 2\frac{1}{2} - 2 = \frac{1}{2}$

$\quad\quad 4\frac{1}{8} - 1\frac{3}{8} = 3\frac{1}{8} - \frac{3}{8} = 2\frac{9}{8} - \frac{3}{8} = 2\frac{6}{8} = 2\frac{3}{4}$

72 **a** $\quad \left(\frac{3}{5} - \frac{1}{2}\right) + \frac{2}{7} = \left(\frac{6}{10} - \frac{5}{10}\right) + \frac{2}{7} = \frac{1}{10} + \frac{2}{7} = \frac{7}{70} + \frac{20}{70} = \frac{27}{70}$

b $\quad \frac{7}{9} + \left(\frac{4}{5} - \frac{1}{6}\right) = \frac{7}{9} + \left(\frac{24}{30} - \frac{5}{30}\right) = \frac{7}{9} + \frac{19}{30} = \frac{70}{90} + \frac{57}{90} = \frac{127}{90} = 1\frac{37}{90}$

c $\quad \left(7\frac{3}{8} - 6\frac{3}{4}\right) + \left(4\frac{5}{6} - 3\frac{2}{3}\right) = \left(1\frac{3}{8} - \frac{6}{8}\right) + \left(1\frac{5}{6} - \frac{4}{6}\right) = \left(\frac{11}{8} - \frac{6}{8}\right) + 1\frac{1}{6} = \frac{5}{8} + 1\frac{1}{6} = \frac{15}{24} + 1\frac{4}{24} = 1\frac{19}{24}$

d $\quad \left(16\frac{4}{7} - 8\frac{11}{14}\right) - \left(8\frac{1}{2} - 5\frac{3}{4}\right) = \left(8\frac{8}{14} - \frac{11}{14}\right) - \left(3\frac{2}{4} - \frac{3}{4}\right) = \left(7\frac{22}{14} - \frac{11}{14}\right) - \left(2\frac{6}{4} - \frac{3}{4}\right)$

$\quad\quad\quad = 7\frac{11}{14} - 2\frac{3}{4} = 5\frac{11}{14} - \frac{3}{4} = 5\frac{22}{28} - \frac{21}{28} = 5\frac{1}{28}$

Hast du's gewusst?

73 ■ Roggenbrot:

$$\frac{3}{4}\,\text{kg}+\frac{1}{2}\,\text{kg}+\frac{1}{6}\,\text{kg}+\frac{2}{3}\,\text{kg}=\frac{9}{12}\,\text{kg}+\frac{6}{12}\,\text{kg}+\frac{2}{12}\,\text{kg}+\frac{8}{12}\,\text{kg}=\frac{25}{12}\,\text{kg}=2\frac{1}{12}\,\text{kg}$$

■ Mischbrot:

$$1\frac{1}{4}\,\text{kg}+2\frac{1}{2}\,\text{kg}+\frac{3}{2}\,\text{kg}+\frac{1}{4}\,\text{kg}=1\frac{1}{4}\,\text{kg}+\frac{1}{4}\,\text{kg}+2\frac{1}{2}\,\text{kg}+1\frac{1}{2}\,\text{kg}=1\frac{2}{4}\,\text{kg}+4\,\text{kg}=5\frac{1}{2}\,\text{kg}$$

■ Schwarzbrot:

$$1\frac{2}{3}\,\text{kg}+3\frac{3}{4}\,\text{kg}+1\frac{1}{3}\,\text{kg}+2\,\text{kg}=1\frac{2}{3}\,\text{kg}+1\frac{1}{3}\,\text{kg}+3\frac{3}{4}\,\text{kg}+2\,\text{kg}=3\,\text{kg}+3\frac{3}{4}\,\text{kg}+2\,\text{kg}=8\frac{3}{4}\,\text{kg}$$

74 ■ Ausgaben: $\dfrac{1}{4}+\dfrac{1}{5}+\dfrac{3}{10}+\dfrac{3}{20}=\dfrac{5}{20}+\dfrac{4}{20}+\dfrac{6}{20}+\dfrac{3}{20}=\dfrac{18}{20}=\dfrac{9}{10}$

■ Sparanteil: $1-\dfrac{9}{10}=\dfrac{10}{10}-\dfrac{9}{10}=\dfrac{1}{10}$

Der Sparanteil von Familie Berger beträgt 1 Zehntel.

75 $1\dfrac{1}{2}\,\text{kg}+\dfrac{1}{5}\,\text{kg}+1\dfrac{1}{4}\,\text{kg}+\dfrac{1}{8}\,\text{kg}+\dfrac{3}{4}\,\text{kg}+\dfrac{2}{5}\,\text{kg}=1\dfrac{1}{2}\,\text{kg}+1\dfrac{1}{4}\,\text{kg}+\dfrac{3}{4}\,\text{kg}+\dfrac{1}{5}\,\text{kg}+\dfrac{2}{5}\,\text{kg}+\dfrac{1}{8}\,\text{kg}$

$$=1\frac{1}{2}\,\text{kg}+2\,\text{kg}+\frac{3}{5}\,\text{kg}+\frac{1}{8}\,\text{kg}$$

$$=3\frac{20}{40}\,\text{kg}+\frac{24}{40}\,\text{kg}+\frac{5}{40}\,\text{kg}=3\frac{49}{40}\,\text{kg}=4\frac{9}{40}\,\text{kg}$$

Frau Sommer muss $4\frac{9}{40}$ kg nach Hause tragen.

76 a ■ Zusammensetzung ohne Rosinen: $\dfrac{1}{3}+\dfrac{1}{8}+\dfrac{1}{6}+\dfrac{1}{4}=\dfrac{8}{24}+\dfrac{3}{24}+\dfrac{4}{24}+\dfrac{6}{24}=\dfrac{21}{24}=\dfrac{7}{8}$

■ Anteil Rosinen: $1-\dfrac{7}{8}=\dfrac{8}{8}-\dfrac{7}{8}=\dfrac{1}{8}$

Das Frühstücksmüsli besteht zu 1 Achtel aus Rosinen.

b ■ Haferflocken: $\dfrac{1}{3}$ von 960 g $=$ 960 g : 3 $=$ 320 g

■ Haselnüsse / Rosinen: $\dfrac{1}{8}$ von 960 g $=$ 960 g : 8 $=$ 120 g

■ Äpfel: $\dfrac{1}{6}$ von 960 g $=$ 960 g : 6 $=$ 160 g

■ Dinkelflocken: $\dfrac{1}{4}$ von 960 g $=$ 960 g : 4 $=$ 240 g

Hast du's gewusst?

77 **a** ▪ Anteil Stücke 1 und 2: $\dfrac{1}{5} + \dfrac{1}{4} = \dfrac{4}{20} + \dfrac{5}{20} = \dfrac{9}{20}$

▪ Anteil Stück 3: $1 - \dfrac{9}{20} = \dfrac{20}{20} - \dfrac{9}{20} = \dfrac{11}{20}$

Das 3. Stück hat einen Anteil von $\dfrac{11}{20}$ an der Länge des Holzbalkens.

b ▪ Länge Stück 1: $\dfrac{1}{5}$ von $600 \text{ cm} = 600 \text{ cm} : 5 = 120 \text{ cm}$

▪ Länge Stück 2: $\dfrac{1}{4}$ von $600 \text{ cm} = 600 \text{ cm} : 4 = 150 \text{ cm}$

▪ Länge Stück 3: $600 \text{ cm} - 120 \text{ cm} - 150 \text{ cm} = 330 \text{ cm}$

78 **a** $3 \cdot \dfrac{5}{7} = \dfrac{3 \cdot 5}{7} = \dfrac{15}{7} = 2\dfrac{1}{7}$ **b** $4 \cdot \dfrac{2}{3} = \dfrac{4 \cdot 2}{3} = \dfrac{8}{3} = 2\dfrac{2}{3}$

79 **a** $6 \cdot \dfrac{2}{15} = \dfrac{\cancel{6}^{\,2} \cdot 2}{\cancel{15}_{\,5}} = \dfrac{4}{5}$ **b** $12 \cdot \dfrac{5}{9} = \dfrac{\cancel{12}^{\,4} \cdot 5}{\cancel{9}_{\,3}} = \dfrac{20}{3} = 6\dfrac{2}{3}$

c $14 \cdot \dfrac{7}{10} = \dfrac{\cancel{14}^{\,7} \cdot 7}{\cancel{10}_{\,5}} = \dfrac{49}{5} = 9\dfrac{4}{5}$ **d** $\dfrac{5}{6} \cdot 20 = \dfrac{5 \cdot \cancel{20}^{\,10}}{\cancel{6}_{\,3}} = \dfrac{50}{3} = 16\dfrac{2}{3}$

e $\dfrac{3}{4} \cdot 12 = \dfrac{3 \cdot \cancel{12}^{\,3}}{\cancel{4}_{\,1}} = 9$ **f** $\dfrac{6}{7} \cdot 8 = \dfrac{6 \cdot 8}{7} = \dfrac{48}{7} = 6\dfrac{6}{7}$

80 **a** $\dfrac{2}{5} \cdot 70 \text{ (km)} = \dfrac{2 \cdot \cancel{70}^{\,14}}{\cancel{5}_{\,1}} = 28 \text{ (km)}$

b $\dfrac{3}{4} \cdot 500 \text{ (kg)} = \dfrac{3 \cdot \cancel{500}^{\,125}}{\cancel{4}_{\,1}} = 375 \text{ (kg)}$

c $\dfrac{5}{7} \cdot 350 \text{ (\ell)} = \dfrac{5 \cdot \cancel{350}^{\,50}}{\cancel{7}_{\,1}} = 250 \text{ (\ell)}$

d $\dfrac{4}{9} \cdot 306 \text{ (€)} = \dfrac{4 \cdot \cancel{306}^{\,34}}{\cancel{9}_{\,1}} 136 \text{ (€)}$

e $\dfrac{3}{8} \cdot 120 \text{ (t)} = \dfrac{3 \cdot \cancel{120}^{\,15}}{\cancel{8}_{\,1}} = 45 \text{ (t)}$

f $\dfrac{5}{12} \cdot 1\,800 \text{ (\$)} = \dfrac{5 \cdot \cancel{1800}^{\,150}}{\cancel{12}_{\,1}} = 750 \text{ (\$)}$

81
- Anzahl der Frauen: $\dfrac{2}{3}$ von $246 = \dfrac{2 \cdot \cancel{246}^{\,82}}{\cancel{3}_{\,1}} = 164$

- Anzahl der Männer: $246 - 164 = 82$

82
- Mehl: $\dfrac{1}{4}\,\text{kg} \cdot 3 = \dfrac{3}{4}\,\text{kg}$

- Milch: $\dfrac{3}{8}\,\ell \cdot 3 = \dfrac{9}{8}\,\ell = 1\dfrac{1}{8}\,\ell$

Für die **3-fache** Menge Muffins benötigt Marie die **3-fache** Menge an Zutaten.

83 erste Zeile:

$2 \cdot 1\dfrac{7}{8} = 2 \cdot \dfrac{15}{8} = \dfrac{\cancel{2}^{\,1} \cdot 15}{\cancel{8}_{\,4}} = \dfrac{15}{4} = 3\dfrac{3}{4}$

$2 \cdot 5\dfrac{3}{10} = 2 \cdot \dfrac{53}{10} = \dfrac{\cancel{2}^{\,1} \cdot 53}{\cancel{10}_{\,5}} = \dfrac{53}{5} = 10\dfrac{3}{5}$

$2 \cdot 6\dfrac{4}{7} = 2 \cdot \dfrac{46}{7} = \dfrac{2 \cdot 46}{7} = \dfrac{92}{7} = 13\dfrac{1}{7}$

$\cdot$	$1\dfrac{7}{8}$	$5\dfrac{3}{10}$	$6\dfrac{4}{7}$
2	$3\dfrac{3}{4}$	$10\dfrac{3}{5}$	$13\dfrac{1}{7}$
6	$11\dfrac{1}{4}$	$31\dfrac{4}{5}$	$39\dfrac{3}{7}$
8	15	$42\dfrac{2}{5}$	$52\dfrac{4}{7}$

zweite Zeile:

$6 \cdot 1\dfrac{7}{8} = 6 \cdot \dfrac{15}{8} = \dfrac{\cancel{6}^{\,3} \cdot 15}{\cancel{8}_{\,4}} = \dfrac{45}{4} = 11\dfrac{1}{4}$

$6 \cdot 5\dfrac{3}{10} = 6 \cdot \dfrac{53}{10} = \dfrac{\cancel{6}^{\,3} \cdot 53}{\cancel{10}_{\,5}} = \dfrac{159}{5} = 31\dfrac{4}{5}$

$6 \cdot 6\dfrac{4}{7} = 6 \cdot \dfrac{46}{7} = \dfrac{6 \cdot 46}{7} = \dfrac{276}{7} = 39\dfrac{3}{7}$

dritte Zeile:

$8 \cdot 1\dfrac{7}{8} = 8 \cdot \dfrac{15}{8} = \dfrac{\cancel{8}^{\,1} \cdot 15}{\cancel{8}_{\,1}} = 15$

$8 \cdot 5\dfrac{3}{10} = 8 \cdot \dfrac{53}{10} = \dfrac{\cancel{8}^{\,4} \cdot 53}{\cancel{10}_{\,5}} = \dfrac{212}{5} = 42\dfrac{2}{5}$

$8 \cdot 6\dfrac{4}{7} = 8 \cdot \dfrac{46}{7} = \dfrac{8 \cdot 46}{7} = \dfrac{368}{7} = 52\dfrac{4}{7}$

84　a　$\dfrac{1}{2} \cdot \dfrac{1}{4} = \dfrac{1}{8}$

b　$\dfrac{2}{3} \cdot \dfrac{3}{4} = \dfrac{\cancel{2}^{\,1} \cdot \cancel{3}^{\,1}}{\cancel{3}_{\,1} \cdot \cancel{4}_{\,2}} = \dfrac{1}{2}$

85　a

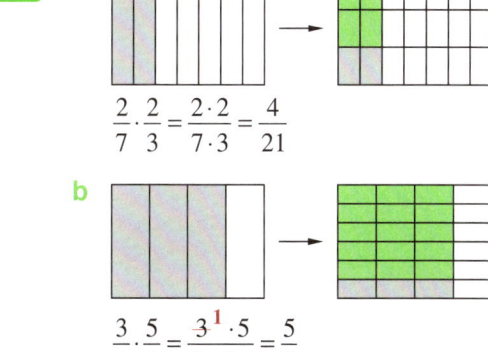

$\dfrac{2}{7} \cdot \dfrac{2}{3} = \dfrac{2 \cdot 2}{7 \cdot 3} = \dfrac{4}{21}$

b

$\dfrac{3}{4} \cdot \dfrac{5}{6} = \dfrac{\cancel{3}^{\,1} \cdot 5}{4 \cdot \cancel{6}_{\,2}} = \dfrac{5}{8}$

86 a $\dfrac{9}{11} \cdot \dfrac{4}{3} = \dfrac{\cancel{9}^{\,3} \cdot 4}{11 \cdot \cancel{3}_{\,1}} = \dfrac{12}{11} = 1\dfrac{1}{11}$

b $\dfrac{5}{6} \cdot \dfrac{3}{10} = \dfrac{\cancel{5}^{\,1} \cdot \cancel{3}^{\,1}}{\cancel{6}_{\,2} \cdot \cancel{10}_{\,2}} = \dfrac{1}{4}$

c $\dfrac{8}{9} \cdot \dfrac{36}{40} = \dfrac{\cancel{8}^{\,1} \cdot \cancel{36}^{\,4}}{\cancel{9}_{\,1} \cdot \cancel{40}_{\,5}} = \dfrac{4}{5}$

d $\dfrac{15}{14} \cdot \dfrac{2}{5} = \dfrac{\cancel{15}^{\,3} \cdot \cancel{2}^{\,1}}{\cancel{14}_{\,7} \cdot \cancel{5}_{\,1}} = \dfrac{3}{7}$

e $3\dfrac{3}{4} \cdot 5\dfrac{5}{9} = \dfrac{\cancel{15}^{\,5} \cdot \cancel{50}^{\,25}}{\cancel{4}_{\,2} \cdot \cancel{9}_{\,3}} = \dfrac{125}{6} = 20\dfrac{5}{6}$

f $8\dfrac{2}{5} \cdot 6\dfrac{1}{6} = \dfrac{\cancel{42}^{\,7} \cdot 37}{5 \cdot \cancel{6}_{\,1}} = \dfrac{259}{5} = 51\dfrac{4}{5}$

87 a $\dfrac{2}{5} \cdot \dfrac{3}{8} = \dfrac{\cancel{2}^{\,1} \cdot 3}{5 \cdot \cancel{8}_{\,4}} = \dfrac{3}{20}$ Multipliziere: „·"

b $\dfrac{4}{9} \cdot \dfrac{6}{11} = \dfrac{4 \cdot \cancel{6}^{\,2}}{\cancel{9}_{\,3} \cdot 11} = \dfrac{8}{33}$ Produkt: „·"

c $\dfrac{5}{6} \cdot \dfrac{7}{10} = \dfrac{\cancel{5}^{\,1} \cdot 7}{6 \cdot \cancel{10}_{\,2}} = \dfrac{7}{12}$

d $\dfrac{2}{3} \cdot \dfrac{9}{14} = \dfrac{\cancel{2}^{\,1} \cdot \cancel{9}^{\,3}}{\cancel{3}_{\,1} \cdot \cancel{14}_{\,7}} = \dfrac{3}{7}$

88 a $\dfrac{4}{7} \cdot \dfrac{\mathbf{2}}{3} = \dfrac{8}{\mathbf{21}}$ b $\dfrac{7}{\mathbf{9}} \cdot \dfrac{\mathbf{4}}{5} = \dfrac{28}{45}$

c $\dfrac{4}{5} \cdot \dfrac{\mathbf{1}}{\mathbf{2}} = \dfrac{4}{10}$ d $\dfrac{\mathbf{5}}{\mathbf{7}} \cdot \dfrac{3}{4} = \dfrac{15}{24}$

89 a $\dfrac{3}{7} \cdot \dfrac{14}{15} \cdot \dfrac{5}{9} \cdot \dfrac{1}{2} = \dfrac{\cancel{3}^{\,1} \cdot \cancel{14}^{\,2} \cdot \cancel{5}^{\,1} \cdot 1}{\cancel{7}_{\,1} \cdot \cancel{15}_{\,3} \cdot \cancel{9}_{\,3} \cdot 2} = \dfrac{\cancel{2}^{\,1}}{3 \cdot 3 \cdot \cancel{2}_{\,1}} = \dfrac{1}{9}$

b $\dfrac{5}{8} \cdot \dfrac{2}{15} \cdot \dfrac{3}{2} \cdot \dfrac{4}{3} = \dfrac{\cancel{5}^{\,1} \cdot \cancel{2}^{\,1} \cdot \cancel{3}^{\,1} \cdot \cancel{4}^{\,1}}{\cancel{8}_{\,2} \cdot \cancel{15}_{\,3} \cdot \cancel{2}_{\,1} \cdot \cancel{3}_{\,1}} = \dfrac{1}{2 \cdot 3} = \dfrac{1}{6}$

Hast du's gewusst?

90 **a** $\dfrac{2}{9}\cdot\dfrac{4}{9}=\dfrac{2\cdot4}{9\cdot9}=\dfrac{8}{\mathbf{81}}$

Hannes hat nur die Nenner multipliziert.

b $\dfrac{4}{5}\cdot\dfrac{2}{7}=\dfrac{4\cdot2}{5\cdot7}=\dfrac{\mathbf{8}}{35}$

Hannes hat im Zähler „gekürzt".

91 ☒ 2 Neuntel von 3 achtel Kilometern sind 1 zwölftel Kilometer.

$\dfrac{2}{9}\cdot\dfrac{3}{8}=\dfrac{2^{\,1}\cdot3^{\,1}}{9_{\,3}\cdot8_{\,4}}=\dfrac{1}{12}$

☐ 4 Siebtel von 7 zwölftel Kilogramm Mehl sind 1 viertel Kilogramm Mehl.

$\dfrac{4}{7}\cdot\dfrac{7}{12}=\dfrac{4^{\,1}\cdot7^{\,1}}{7_{\,1}\cdot12_{\,3}}=\dfrac{1}{3}$

☒ 4 Fünftel von 7 achtel Tonnen Granit sind 700 Kilogramm Granit.

$\dfrac{4}{5}\cdot\dfrac{7}{8}=\dfrac{4^{\,1}\cdot7}{5\cdot8_{\,2}}=\dfrac{7}{10}$; $\dfrac{7}{10}$ t = 700 kg

☐ 6 Siebtel von 14 fünfzehntel Kilometern sind 750 Meter.

$\dfrac{6}{7}\cdot\dfrac{14}{15}=\dfrac{6^{\,2}\cdot14^{\,2}}{7_{\,1}\cdot15_{\,5}}=\dfrac{4}{5}$; $\dfrac{4}{5}$ km = 800 m

92 **a** $\dfrac{2}{5}\cdot\dfrac{3}{4}=\dfrac{2^{\,1}\cdot3}{5\cdot4_{\,2}}=\dfrac{3}{10}$

Selma braucht $\dfrac{3}{10}$ Liter Öl.

b $\dfrac{3}{4}\,\ell-\dfrac{3}{10}\,\ell=\dfrac{15}{20}\,\ell-\dfrac{6}{20}\,\ell=\dfrac{9}{20}\,\ell$

Es sind noch $\dfrac{9}{20}$ Liter Öl in der Flasche.

93 **a** $\dfrac{2}{7}\cdot\dfrac{5}{9}=\dfrac{10}{63}$

In der 1. Runde verliert er $\dfrac{4}{9}$ der Chips, also hat er noch $\dfrac{5}{9}$.

In der 2. Runde hat Paul $\dfrac{10}{63}$ der gesamten Chips verloren.

b ▪ verlorene Chips 1. Runde: $63\cdot\dfrac{4}{9}=\dfrac{63^{\,7}\cdot4}{9_{\,1}}=28$

▪ verlorene Chips 2. Runde: $63\cdot\dfrac{10}{63}=\dfrac{63^{\,1}\cdot10}{63_{\,1}}=10$

Paul hat noch $63-28-10=25$ Chips.

94 $\left(1\dfrac{3}{4}+5\dfrac{2}{3}\right)\cdot\left(3\dfrac{1}{2}-2\dfrac{5}{6}\right)=\left(\dfrac{7}{4}+\dfrac{17}{3}\right)\cdot\left(\dfrac{7}{2}-\dfrac{17}{6}\right)$

Multipliziere: „·"
Summe: „+"
Differenz: „–"
Setze Klammern.

$\qquad\qquad=\left(\dfrac{21}{12}+\dfrac{68}{12}\right)\cdot\left(\dfrac{21}{6}-\dfrac{17}{6}\right)$

$\qquad\qquad=\dfrac{89}{12}\cdot\dfrac{4}{6}=\dfrac{89\cdot4^{\,1}}{12_{\,3}\cdot6}=\dfrac{89}{18}=4\dfrac{17}{18}$

Hast du's gewusst?

95 a $\dfrac{4}{5} : 2 = \dfrac{\cancel{4}^{\,2}}{5 \cdot \cancel{2}_{\,1}} = \dfrac{2}{5}$ b $\dfrac{9}{11} : 3 = \dfrac{\cancel{9}^{\,3}}{11 \cdot \cancel{3}_{\,1}} = \dfrac{3}{11}$

   c $\dfrac{1}{5} : 4 = \dfrac{1}{5 \cdot 4} = \dfrac{1}{20}$ d $\dfrac{5}{8} : 7 = \dfrac{5}{8 \cdot 7} = \dfrac{5}{56}$

96 a $4\dfrac{2}{3} : 7 = \dfrac{14}{3} : 7 = \dfrac{\cancel{14}^{\,2}}{3 \cdot \cancel{7}_{\,1}} = \dfrac{2}{3}$ b $6\dfrac{4}{6} : 5 = \dfrac{40}{6} : 5 = \dfrac{\cancel{40}^{\,4}}{\cancel{6}_{\,3} \cdot \cancel{5}_{\,1}} = \dfrac{4}{3} = 1\dfrac{1}{3}$

   c $4\dfrac{1}{3} : 8 = \dfrac{13}{3} : 8 = \dfrac{13}{3 \cdot 8} = \dfrac{13}{24}$ d $3\dfrac{2}{5} : 6 = \dfrac{17}{5} : 6 = \dfrac{17}{5 \cdot 6} = \dfrac{17}{30}$

97 ▪ Schokolade: $\dfrac{1}{3}$ (kg) $: 4 = \dfrac{1}{3 \cdot 4} = \dfrac{1}{12}$ (kg)

   ▪ Gummibärchen: $1\dfrac{1}{2}$ (kg) $: 4 = \dfrac{3}{2} : 4 = \dfrac{3}{2 \cdot 4} = \dfrac{3}{8}$ (kg)

   ▪ Chips: $\dfrac{3}{4}$ (kg) $: 4 = \dfrac{3}{4 \cdot 4} = \dfrac{3}{16}$ (kg)

Jeder der 4 bekommt $\dfrac{1}{12}$ kg Schokolade, $\dfrac{3}{8}$ kg Gummibärchen und $\dfrac{3}{16}$ kg Chips.

98 ▪ Saft: $\dfrac{2}{5}$ (ℓ) $: 4 = \dfrac{\cancel{2}^{\,1}}{5 \cdot \cancel{4}_{\,2}} = \dfrac{1}{10}$ (ℓ)

   ▪ Becherinhalt: $\dfrac{1}{10}\,\ell + \dfrac{4}{10}\,\ell = \dfrac{5}{10}\,\ell = \dfrac{1}{2}\,\ell$

In jedem Becher befindet sich ein halber Liter Flüssigkeit.

99

Bruch	$\frac{2}{7}$	$\frac{2}{3}$	$\frac{5}{9}$	$\frac{5}{6}$	$\frac{11}{12}$	$\frac{10}{3}$	$\frac{17}{5}$	$\frac{3}{8}$	6	11
Kehrwert	$\frac{7}{2}$	$\frac{3}{2}$	$\frac{9}{5}$	$\frac{6}{5}$	$\frac{12}{11}$	$\frac{3}{10}$	$\frac{5}{17}$	$\frac{8}{3}$	$\frac{1}{6}$	$\frac{1}{11}$

100 a $\dfrac{12}{14} : \dfrac{4}{7} = \dfrac{\cancel{12}^{\,3} \cdot \cancel{7}^{\,1}}{\cancel{14}_{\,2} \cdot \cancel{4}_{\,1}} = \dfrac{3}{2} = 1\dfrac{1}{2}$ b $\dfrac{8}{9} : \dfrac{2}{3} = \dfrac{\cancel{8}^{\,4} \cdot \cancel{3}^{\,1}}{\cancel{9}_{\,3} \cdot \cancel{2}_{\,1}} = \dfrac{4}{3} = 1\dfrac{1}{3}$

   c $\dfrac{6}{5} : \dfrac{3}{10} = \dfrac{\cancel{6}^{\,2} \cdot \cancel{10}^{\,2}}{\cancel{5}_{\,1} \cdot \cancel{3}_{\,1}} = \dfrac{4}{1} = 4$ d $\dfrac{7}{30} : \dfrac{5}{18} = \dfrac{7 \cdot \cancel{18}^{\,3}}{\cancel{30}_{\,5} \cdot 5} = \dfrac{21}{25}$

101 a $7\dfrac{5}{6} : 2\dfrac{2}{3} = \dfrac{47}{6} : \dfrac{8}{3} = \dfrac{47 \cdot \cancel{3}^{\,1}}{\cancel{6}_{\,2} \cdot 8} = \dfrac{47}{16} = 2\dfrac{15}{16}$

   b $10\dfrac{1}{5} : 4\dfrac{1}{4} = \dfrac{51}{5} : \dfrac{17}{4} = \dfrac{\cancel{51}^{\,3} \cdot 4}{5 \cdot \cancel{17}_{\,1}} = \dfrac{12}{5} = 2\dfrac{2}{5}$

c $\quad 3\frac{1}{7}:1\frac{1}{3}=\frac{22}{7}:\frac{4}{3}=\frac{\cancel{22}^{11}\cdot 3}{7\cdot \cancel{4}_2}=\frac{33}{14}=2\frac{5}{14}$

d $\quad 4\frac{2}{3}:9\frac{1}{3}=\frac{14}{3}:\frac{28}{3}=\frac{\cancel{14}^1\cdot \cancel{3}^1}{\cancel{3}_1\cdot \cancel{28}_2}=\frac{1}{2}$

102 $\quad 8\frac{3}{8}\,\text{kg}:\frac{1}{4}\,\text{kg}=\frac{67\cdot \cancel{4}^1}{\cancel{8}_2\cdot 1}=\frac{67}{2}=33\frac{1}{2}$

Es können 33 ganze Päckchen gefüllt werden.

103 $\quad 25\,\text{kg}:\frac{1}{5}\,\text{kg}=25\cdot \frac{5}{1}=125\ \text{(Tage)}$

Der Sack reicht für 4 Monate.

104 a $\quad \frac{4}{5}+\frac{2}{3}:\frac{4}{5}=\frac{4}{5}+\frac{\cancel{2}^1\cdot 5}{3\cdot \cancel{4}_2}=\frac{4}{5}+\frac{5}{6}=\frac{24}{30}+\frac{25}{30}=\frac{49}{30}=1\frac{19}{30}$

Addiere: „+"
Quotient: „:"

b $\quad \frac{3}{8}:1\frac{1}{2}-\frac{1}{8}\cdot \frac{4}{7}=\frac{3}{8}:\frac{3}{2}-\frac{1\cdot \cancel{4}^1}{\cancel{8}_2\cdot 7}=\frac{\cancel{3}^1\cdot \cancel{2}^1}{\cancel{8}_4\cdot \cancel{3}_1}-\frac{1}{14}=\frac{1}{4}-\frac{1}{14}=\frac{7}{28}-\frac{2}{28}=\frac{5}{28}$

Subtrahiere: „−"
Produkt: „·"

105 $\quad \frac{2}{3}\cdot 4=\frac{2\cdot 4}{3}=\frac{8}{3}=2\frac{2}{3}$

$2\frac{1}{2}+1\frac{1}{4}=3\frac{1}{2}+\frac{1}{4}=3\frac{2}{4}+\frac{1}{4}=3\frac{3}{4}$

$\frac{9}{2}\cdot 2\frac{5}{6}=\frac{\cancel{9}^3\cdot 17}{2\cdot \cancel{6}_2}=\frac{51}{4}=12\frac{3}{4}$

$\frac{2}{3}\cdot \frac{5}{6}=\frac{\cancel{2}^1\cdot 5}{3\cdot \cancel{6}_3}=\frac{5}{9}$

$8:\frac{4}{7}=\frac{\cancel{8}^2\cdot 7}{\cancel{4}_1}=14$

$\frac{7}{10}-\frac{1}{3}=\frac{21}{30}-\frac{10}{30}=\frac{11}{30}$

$\frac{13}{15}:\frac{4}{5}=\frac{13\cdot \cancel{5}^1}{\cancel{15}_3\cdot 4}=\frac{13}{12}=1\frac{1}{12}$

$3\cdot \frac{1}{2}-4\cdot \frac{1}{4}=\frac{3}{2}-1=\frac{1}{2}$

106   a $\dfrac{4}{5} + \dfrac{1}{6} = \dfrac{24}{30} + \dfrac{5}{30} = \dfrac{29}{30}$

Joe hat aus einer Summe gekürzt.

b $\dfrac{1}{6} + \dfrac{1}{6} \cdot \dfrac{3}{7} = \dfrac{1}{6} + \dfrac{1 \cdot \cancel{3}^{1}}{\cancel{6}_{2} \cdot 7} = \dfrac{1}{6} + \dfrac{1}{14} = \dfrac{7}{42} + \dfrac{3}{42} = \dfrac{10}{42} = \dfrac{5}{21}$

Joe hat die Punkt-vor-Strich-Regeln missachtet.

107 $\dfrac{7}{8} - \dfrac{4}{8} = \dfrac{3}{8}$

$\dfrac{4}{9} : \dfrac{1}{4} = \dfrac{4 \cdot 4}{9 \cdot 1} = \dfrac{16}{9} = 1\dfrac{7}{9}$

Rechne rückwärts.

$\dfrac{3}{4} : \dfrac{3}{5} + 2 = \dfrac{\cancel{3}^{1} \cdot 5}{4 \cdot \cancel{3}_{1}} + 2 = \dfrac{5}{4} + 2 = 1\dfrac{1}{4} + 2 = 3\dfrac{1}{4}$

$\dfrac{3}{4} + \dfrac{2}{3} - \dfrac{5}{6} = \dfrac{9}{12} + \dfrac{8}{12} - \dfrac{10}{12} = \dfrac{7}{12}$

$\dfrac{1}{3} \cdot \dfrac{2}{9} + \dfrac{8}{9} = \dfrac{2}{27} + \dfrac{24}{27} = \dfrac{26}{27}$

108   ■   benötigte Menge in Liter: $345 \cdot \dfrac{1}{4}\,\ell = \dfrac{345}{4}\,\ell$

■   Anzahl der Krüge: $\dfrac{345}{4}\,\ell : 1\dfrac{1}{2}\,\ell = \dfrac{345}{4} : \dfrac{3}{2} = \dfrac{\cancel{345}^{115} \cdot \cancel{2}^{1}}{\cancel{4}_{2} \cdot \cancel{3}_{1}} = \dfrac{115}{2} = 57\dfrac{1}{2}$

Es werden mindestens 58 Krüge benötigt.

Test 3

Mögliche halbe bzw. ganze Punkte sind durch halbe (✗) bzw. ganze (✓) Häkchen gekennzeichnet.

1

$$\frac{4}{5} \quad - \quad \frac{3}{5} \quad = \quad \frac{1}{5} \text{ ✗}$$

2   **a** $\frac{5}{9} + \frac{7}{12} = \frac{20}{36} + \frac{21}{36} \text{ ✗} = \frac{41}{36} \text{ ✗} \left(= 1\frac{5}{36} \text{ ✗} \right)$

     b $\frac{2}{3} - \frac{5}{8} = \frac{16}{24} - \frac{15}{24} \text{ ✗} = \frac{1}{24} \text{ ✗}$

3   ■ Teil im Wasser: $\frac{1}{4} + \frac{2}{5} = \frac{5}{20} + \frac{8}{20} = \frac{13}{20}$ ✓

       $\frac{13}{20}$ von 600 (cm) $= \frac{\overset{30}{\cancel{600}} \cdot 13}{\underset{1}{\cancel{20}}} = 390$ (cm) ✓

     ■ Teil über dem Wasser: 600 cm − 390 cm = 210 cm ✗

     Der Teil, der aus dem Wasser ragt, ist 210 cm lang. ✗

4   **a** $\frac{8}{9} \cdot \frac{36}{40} = \frac{\overset{1}{\cancel{8}} \cdot \overset{4}{\cancel{36}}}{\underset{1}{\cancel{9}} \cdot \underset{5}{\cancel{40}}}$ ✓ $= \frac{4}{5}$ ✓

     b $\frac{7}{25} \cdot \frac{15}{28} = \frac{\overset{1}{\cancel{7}} \cdot \overset{3}{\cancel{15}}}{\underset{5}{\cancel{25}} \cdot \underset{4}{\cancel{28}}}$ ✓ $= \frac{3}{20}$ ✓

5   **a** $\frac{9}{14}$ von 210 $= 210 \cdot \frac{9}{14} = \frac{\overset{15}{\cancel{210}} \cdot 9}{\underset{1}{\cancel{14}}} = \frac{15 \cdot 9}{1} = 135$ ✓

     Für die zweite Pause hat er noch 210 − 135 = 75 Päckchen übrig. ✓

     b $135 \cdot \frac{1}{4} \ell$ ✗ $= \frac{135}{4} \ell$ ✗ $= 33\frac{3}{4} \ell$ ✗

     In der ersten Pause hat er $33\frac{3}{4} \ell$ Kakao verkauft. ✗

6   **a** $\frac{5}{8} : 3 = \frac{5}{8 \cdot 3} = \frac{5}{24}$ ✓

     b $2\frac{3}{5} : 12 = \frac{13}{5} : 12 = \frac{13}{5 \cdot 12} = \frac{13}{60}$ ✓

Hast du's gewusst? ————

7 $\dfrac{9}{16} : 6 = \dfrac{\overset{3}{\cancel{9}} \cdot 1}{16 \cdot \underset{2}{\cancel{6}}} = \dfrac{3}{32}$ ✔

$\dfrac{2}{9} \cdot \dfrac{3}{32} = \dfrac{\overset{1}{\cancel{2}} \cdot \overset{1}{\cancel{3}}}{\underset{3}{\cancel{9}} \cdot \underset{16}{\cancel{32}}} = \dfrac{1}{48}$ ✔

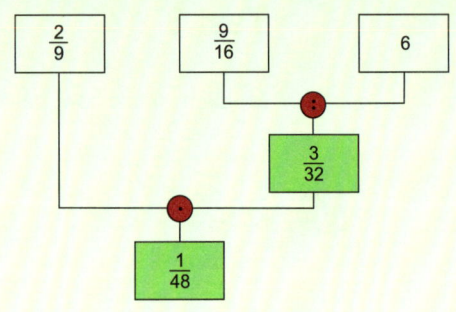

Test 4

Mögliche halbe bzw. ganze Punkte sind durch halbe (✔) bzw. ganze (✔) Häkchen gekennzeichnet.

1 **a** $1\dfrac{3}{8} - \dfrac{5}{8} = \dfrac{11}{8} - \dfrac{5}{8} = \dfrac{6}{8} = \dfrac{3}{4}$ ✔

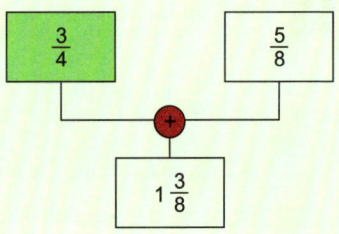

b $4\dfrac{1}{2} - 3\dfrac{2}{3} = 1\dfrac{1}{2} - \dfrac{2}{3} = 1\dfrac{3}{6} - \dfrac{4}{6} = \dfrac{9}{6} - \dfrac{4}{6} = \dfrac{5}{6}$ ✔

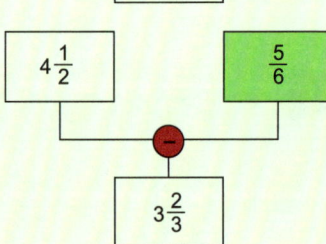

2 ■ Deutschland und Türkei: $\dfrac{1}{4} + \dfrac{3}{8} = \dfrac{2}{8} + \dfrac{3}{8} = \dfrac{5}{8}$ ✔

■ Italien: $1 - \dfrac{5}{8} = \dfrac{8}{8} - \dfrac{5}{8} = \dfrac{3}{8}$ ✔

3 Achtel der Schüler haben italienische Vorfahren. ✔

3

Hast du's gewusst?

■ Ziegen: $\dfrac{1}{3}$ von $240 = 240 \cdot \dfrac{1}{3} = \dfrac{240}{3} = 80$ ✗

■ Pferde: $\dfrac{1}{6}$ von $240 = 240 \cdot \dfrac{1}{6} = \dfrac{240}{6} = 40$ ✗

■ Schafe: $\dfrac{3}{8}$ von $240 = 240 \cdot \dfrac{3}{8} = \dfrac{240^{30} \cdot 3}{8_1} = 90$ ✗

■ Schweine: $\dfrac{1}{12}$ von $240 = 240 \cdot \dfrac{1}{12} = \dfrac{240}{12} = 20$ ✗

■ Rest: $240 - 80 - 40 - 90 - 20 = 10$
  $\Rightarrow$ 5 Enten ✗ und 5 Hasen ✗

4 $\quad \dfrac{3}{10} \cdot \dfrac{1}{2} \cdot \dfrac{5}{6} = \dfrac{3^1 \cdot 1 \cdot 5^1}{10_2 \cdot 2 \cdot 6_2}$ ✓ $= \dfrac{1}{8}$ ✓

5 a $\quad \dfrac{2}{9}$ von $\dfrac{6}{7}$ km $= \dfrac{2}{9} \cdot \dfrac{6}{7}$ km $= \dfrac{2 \cdot 6^2}{9_3 \cdot 7}$ km $= \dfrac{4}{21}$ km ✓

 b $\quad \dfrac{4}{7}$ von $\dfrac{7}{12}$ kg $= \dfrac{4}{7} \cdot \dfrac{7}{12}$ kg $= \dfrac{4^1 \cdot 7^1}{7_1 \cdot 12_3}$ kg $= \dfrac{1}{3}$ kg ✓

6 $\quad 12\dfrac{1}{3} \cdot 1\dfrac{1}{2}$ ✗ $- \left(2\dfrac{4}{7} + 3\dfrac{1}{2}\right)$ ✗ $= \dfrac{37}{3} \cdot \dfrac{3}{2} - \left(5\dfrac{4}{7} + \dfrac{1}{2}\right) = \dfrac{37 \cdot 3^1}{3_1 \cdot 2} - \left(5\dfrac{8}{14} + \dfrac{7}{14}\right)$ ✗ $= \dfrac{37}{2} - 6\dfrac{1}{14}$

$= 18\dfrac{1}{2} - 6\dfrac{1}{14}$ ✗ $= 12\dfrac{7}{14} - \dfrac{1}{14}$ ✗ $= 12\dfrac{6}{14} = 12\dfrac{3}{7}$ ✗

7 a $\quad \dfrac{2}{9} : \dfrac{3}{5} = \dfrac{2 \cdot 5}{9 \cdot 3} = \dfrac{10}{27}$ ✓

 b $\quad 1\dfrac{5}{8} : \dfrac{3}{4} = \dfrac{13}{8} : \dfrac{3}{4} = \dfrac{13 \cdot 4^1}{8_2 \cdot 3} = \dfrac{13}{6} = 2\dfrac{1}{6}$ ✓

8 $\quad \left(\dfrac{2}{5} + \dfrac{1}{10}\right) \cdot \dfrac{1}{3} = \left(\dfrac{4}{10} + \dfrac{1}{10}\right)$ ✗ $\cdot \dfrac{1}{3} = \dfrac{5}{10} \cdot \dfrac{1}{3}$ ✗ $= \dfrac{1}{2} \cdot \dfrac{1}{3} = \dfrac{1}{6}$ ✗

Simon hat aus einer Summe gekürzt. ✗

Grundlagen der Dezimalbrüche

Lösungswort: **K A U F E N**

109
a 305,032

b 218,19

c 13,7084

110

Münzen	Euro/Cent	Stellenwerttafel				Dezimalbruch
		E	,	z	h	
	1 € 24 ct	1		2	4	1,24 €
	2 € 35 ct	2		3	5	2,35 €
	1 € 7 ct	1		0	7	1,07 €
	3 € 10 ct	3		1	0	3,10 €
	9 ct	0		0	9	0,09 €

111
a 4,85

c 769,395

b 4,805

d 2,089

112
a 5 Z 4 E 1 z 1 h 9 t

c 1 H 3 E 2 h 1 t

b 5 Z 4 t

d 2 z 8 h

113
a 35 897 dm = 3 589,7 m

c 0,278 m = 02,78 dm

e 56 050 m = 56,050 km

b 8 321 cm = 83,21 m

d 0,5235 km = 0523,5 m

f 4,722 m = 472,2 cm

Hast du's gewusst?

114

Z	E	,	z	h	t	Dezimalbruch
a	••••	•••••		•••	••	•••••••	45,327
b		••			•••	•	2,031
c	•	•			•••	••	11,032
d				••••			0,4
e				•••	••	••••	0,324

115

Z	E	,	z	h	t
a		8		6	5	
b	1	0		2		
c		0		0	9	
d	2	3		4	0	5

116

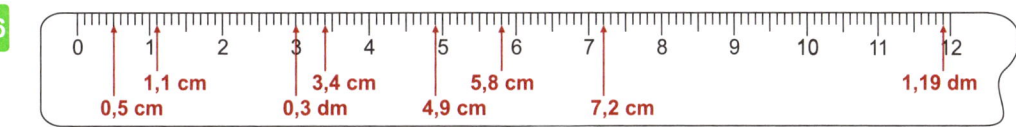

1,1 cm 3,4 cm 5,8 cm 1,19 dm
0,5 cm 0,3 dm 4,9 cm 7,2 cm

117

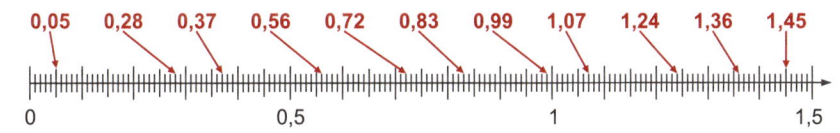

0,05 0,28 0,37 0,56 0,72 0,83 0,99 1,07 1,24 1,36 1,45

0   0,5   1   1,5

Ein kleiner Strich entspricht 0,01.

118

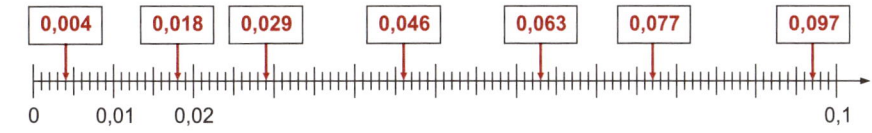

0,004 0,018 0,029   0,046   0,063   0,077   0,097

0   0,01   0,02   0,1

Ein kleiner Strich entspricht 0,001.

119

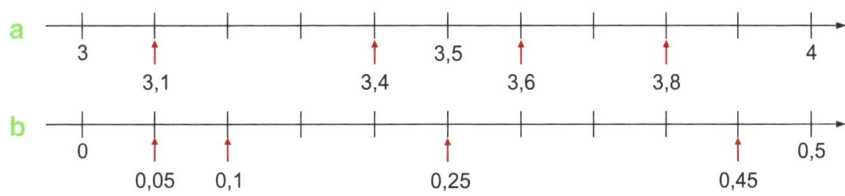

a   3   3,1   3,4   3,5   3,6   3,8   4

b   0   0,05   0,1   0,25   0,45   0,5

120

a 7,52~~000~~

b 0,077~~000~~

c 18,0101~~00~~

d 8 005,085~~0~~

e 40,908~~000~~

f 0,04003~~00~~

Hast du's gewusst?

121

a $2{,}045 < 2{,}405$

b $1{,}275 < 2{,}125$

c $8{,}08 > 8{,}008$

d $25{,}631 > 25{,}630$

e $9{,}997 < 99{,}79$

f $0{,}017 = 0{,}0170$

122

| 5,81 | I | 5,801 | C | 5,581 | H |

| 5,518 | B | 5,185 | I | 5,158 | N | | 5,108 | D | 5,018 | E | 1,985 | R |

| 1,958 | K | 1,895 | L | 1,859 | E | 1,598 | I | 1,589 | N | 1,588 | S | 1,587 | T | 1,578 | E |

123 Mögliche Lösungen:

a $1{,}1 < 1{,}2 < 1{,}3 < 1{,}4$

b $0{,}05 < 0{,}1 < 0{,}45 < 0{,}5$

c $2{,}80 < 2{,}81 < 2{,}89 < 2{,}90$

d $3{,}090 < 3{,}091 < 3{,}099 < 3{,}100$

124

0 $0{,}12$ $0{,}44$ 1 $1{,}3$ $1{,}88$ 2 $2{,}4$ $2{,}98$ 3

125

a 1. Nina 7,92 s
2. Tina 8,33 s
3. Lydia 8,37 s
4. Shila 8,98 s

b 1. Rudi 1,31 m
2. Erkan 1,26 m
3. Lukas 1,21 m
4. Marlon 1,06 m

126

a $2{,}173 \approx 2{,}17$ ↓

b $12{,}089 \approx 12{,}09$ ↑

c $722{,}95 \approx 723$ ↑

d $0{,}8917 \approx 0{,}89$ ↓

e $56{,}512 \approx 56{,}51$ ↓

f $123{,}892 \approx 123{,}9$ ↑

g $0{,}0258 \approx 0{,}026$ ↑

h $1\,875{,}432 \approx 1\,880$ ↑

127

a $3{,}67 \approx 3{,}7$

b $27{,}92 \approx 27{,}9$

c $48{,}97 \approx 49{,}0$

d $0{,}987 \approx 1{,}0$

128

a $0{,}834 \approx 0{,}83$

b $2{,}5765 \approx 2{,}58$

c $67{,}999 \approx 68{,}00$

d $13{,}989 \approx 13{,}99$

129 Mögliche Lösungen:
3,945; 3,946; 3,947; 3,948; 3,949; 3,951; 3,952; 3,953; 3,954

130

a $3{,}65 \rightarrow 3{,}7 \leftarrow 3{,}74$

b $5{,}035 \rightarrow 5{,}04 \leftarrow 5{,}044$

c $6{,}945 \rightarrow 6{,}95 \leftarrow 6{,}954$

d $0{,}0075 \rightarrow 0{,}008 \leftarrow 0{,}0084$

Hast du's gewusst?

131 a 17,895 $\ell \approx 18\ \ell$ b 3,45 $\ell \approx 3\ \ell$

c 2,6 $\ell \approx 3\ \ell$ d 33,95 $\ell \approx 34\ \ell$

e 3 058,6 $m\ell \approx 3\ \ell$ f 489,569 $h\ell \approx 48\ 957\ \ell$

132 a 1,581 € $\approx$ 1,58 €   b 12,987 € $\approx$ 12,99 €

c 5,2851 € $\approx$ 5,29 €   d 3,19851 € $\approx$ 3,20 €

e 251,084 € $\approx$ 251,08 €   f 391,029 € $\approx$ 391,03 €

133 a 3,785411784 $\ell \approx 3{,}8\ \ell$ b 3,785411784 $\ell \approx 3{,}785\ \ell$

134

	mindestens	gerundete Zahl	maximal
Hamburg	1 750 000	1,8 Millionen	1 849 999
Berlin	3 450 000	3,5 Millionen	3 549 999
London	8 150 000	8,2 Millionen	8 249 999
Moskau	11 950 000	12,0 Millionen	12 049 999

135 a 158,987294928 $\ell \approx 159\ \ell$

b 158,987294928 $\ell \approx 159{,}\textbf{0}\ \ell$

c 158,987294928 $\ell \approx 158{,}99\ \ell$

d 158,987294928 $\ell \approx 158{,}987\ \ell$

e Bei einem Barrel ist der Unterschied zwischen 159 ℓ und 158,987294928 ℓ unbedeutend. Bei 40 Millionen Barrel wäre es aber eine ganze Menge (rund 500 000 ℓ).

136 a $\dfrac{7}{10} = 0{,}7$ b $\dfrac{73}{100} = 0{,}73$

c $\dfrac{44}{1\ 000} = 0{,}\textbf{0}44$ d $6\dfrac{87}{100} = 6{,}87$

e $1\dfrac{95}{1\ 000} = 1{,}\textbf{0}95$ f $\dfrac{9\ 261}{100} = 9{,}261$

137

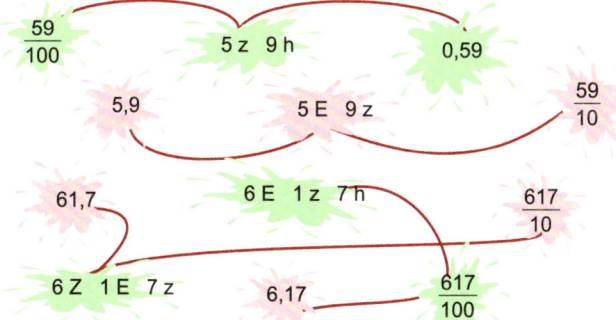

Hast du's gewusst?

138

a $\quad 0,3 = \dfrac{3}{10}$

b $\quad 0,99 = \dfrac{99}{100}$

c $\quad 0,07 = \dfrac{7}{100}$

d $\quad 0,203 = \dfrac{203}{1\,000}$

e $\quad 1,7 = 1\dfrac{7}{10}$

f $\quad 9,079 = 9\dfrac{79}{1\,000}$

139

Bruch	erweitern auf Zehntel oder Hundertstel	Dezimalbruch
$\dfrac{1}{5}$	$\dfrac{2}{10}$	0,2
$\dfrac{1}{2}$	$\dfrac{5}{10}$	0,5
$\dfrac{3}{5}$	$\dfrac{6}{10}$	0,6
$\dfrac{3}{4}$	$\dfrac{75}{100}$	0,75
$\dfrac{3}{25}$	$\dfrac{12}{100}$	0,12
$\dfrac{51}{20}$	$\dfrac{255}{100}$	2,55

140

a $\quad \dfrac{5}{8} = \dfrac{5 \cdot 125}{8 \cdot 125} = \dfrac{625}{1\,000} = 0,625$

b $\quad \dfrac{7}{8} = \dfrac{7 \cdot 125}{8 \cdot 125} = \dfrac{875}{1\,000} = 0,875$

c $\quad \dfrac{19}{40} = \dfrac{19 \cdot 25}{40 \cdot 25} = \dfrac{475}{1\,000} = 0,475$

d $\quad \dfrac{77}{125} = \dfrac{77 \cdot 8}{125 \cdot 8} = \dfrac{616}{1\,000} = 0,616$

141

a $\quad \dfrac{28}{40} = \dfrac{7}{10} = 0,7$

b $\quad \dfrac{24}{30} = \dfrac{8}{10} = 0,8$

c $\quad \dfrac{64}{20} = \dfrac{32}{10} = 3,2$

d $\quad \dfrac{55}{50} = \dfrac{11}{10} = 1,1$

142 Lösungswort: **BLUMENTOPF**

143

a $\quad 0,4 = \dfrac{4}{10} = \dfrac{2}{5}$

b $\quad 0,25 = \dfrac{25}{100} = \dfrac{1}{4}$

c $\quad 0,08 = \dfrac{8}{100} = \dfrac{2}{25}$

d $\quad 0,016 = \dfrac{16}{1\,000} = \dfrac{2}{125}$

Hast du's gewusst?

144

a $\dfrac{1}{3} = 1:3 = 0,333\ldots = 0,\overline{3}$

$\quad \begin{array}{r} 10 \\ \underline{9} \\ 10 \\ \underline{9} \\ 10 \end{array}$

b $\dfrac{4}{9} = 4:9 = 0,444\ldots = 0,\overline{4}$

$\quad \begin{array}{r} 40 \\ \underline{36} \\ 40 \\ \underline{36} \\ 40 \end{array}$

c $\dfrac{5}{11} = 5:11 = 0,4545\ldots = 0,\overline{45}$

$\quad \begin{array}{r} 50 \\ \underline{44} \\ 60 \\ \underline{55} \\ 50 \\ \underline{44} \\ 60 \end{array}$

d $\dfrac{10}{33} = 10:33 = 0,3030\ldots = 0,\overline{30}$

$\quad \begin{array}{r} 100 \\ \underline{99} \\ 10 \\ \underline{0} \\ 100 \\ \underline{99} \\ 10 \end{array}$

145

a $\dfrac{5}{6} = 5:6 = 0,8333\ldots = 0,8\overline{3}$

$\quad \begin{array}{r} 50 \\ \underline{48} \\ 20 \\ \underline{18} \\ 20 \\ \underline{18} \\ 20 \end{array}$

b $\dfrac{5}{16} = 5:16 = 0,3125$ (nicht periodisch)

$\quad \begin{array}{r} 50 \\ \underline{48} \\ 20 \\ \underline{16} \\ 40 \\ \underline{32} \\ 80 \\ \underline{80} \\ 0 \end{array}$

c $\dfrac{7}{9} = 7:9 = 0,7777\ldots = 0,\overline{7}$

$\quad \begin{array}{r} 70 \\ \underline{63} \\ 70 \\ \underline{63} \\ 70 \\ \underline{63} \\ 70 \end{array}$

d $\dfrac{11}{12} = 11:12 = 0,9166\ldots = 0,91\overline{6}$

$\quad \begin{array}{r} 110 \\ \underline{108} \\ 20 \\ \underline{12} \\ 80 \\ \underline{72} \\ 80 \end{array}$

146

		wahr	falsch	
a	Zu dem Bruch $\frac{7}{8}$ gehört der Dezimalbruch $0,\overline{875}$.	☐	✗	$\frac{7}{8} = 0,875$
b	Der Bruch $\frac{5}{9}$ ist periodisch.	✗	☐	$\frac{5}{9} = 0,\overline{5}$
c	Dividiert man 3 durch 16 erhält man einen periodischen Dezimalbruch.	☐	✗	$\frac{3}{16} = 0,1875$
d	Der Bruch $\frac{9}{12}$ ist nicht periodisch.	✗	☐	$\frac{9}{12} = \frac{3}{4} = 0,75$
e	Zu dem Bruch $\frac{1}{6}$ gehört der Dezimalbruch $0,1\overline{6}$.	✗	☐	$\frac{1}{6} = 0,1\overline{6}$

Hast du's gewusst?

Test 5

Mögliche halbe bzw. ganze Punkte sind durch halbe (✓) bzw. ganze (✔) Häkchen gekennzeichnet.

1

Z	E	,	z	h	t	Dezimalbruch
5	1		0	2	7	**51,027**
6	**9**		**6**	**4**	**5**	69,645
	0		0	0	8	**0,008**
	3		**0**	**7**		3,07

2 **a** 39,96 ✔

    b 708,**0**81 ✔

		könnte stimmen	sicher falsch	
3	**a** Ein Säugling wiegt 3,8 kg.	✗	☐ ✓	
	b Ein Erwachsener ist 0,85 t schwer.	☐	✗ ✓	0,85 t = 850 kg
	c Ein Floh bringt 1,5 mg auf die Waage.	✗	☐ ✓	
	d Ein Pkw kommt auf rund 18 750 kg.	☐	✗ ✓	18 750 kg = 18,75 t
	e Ein Pferd wiegt rund 0,7 t.	✗	☐ ✓	0,7 t = 700 kg
	f Eine Katze wird bis zu 4 500 mg schwer.	☐	✗ ✓	4 500 mg = 4,5 g

4

0,7 ✓	2,3 ✓	3,7 ✓	6,1 ✓	9,2 ✓	11,4 ✓	12,6 ✓	14,9 ✓

0 1 2 3 4 5 6 7 8 9 10 11 12 13 14 15

5 **a** 2,5 > 2,4 ✔   **b** 0,05 < 0,5**0** ✔

    c 12,03 = 12,03**0** ✔   **d** 0,0441 > 0,044**0** ✔

6 **a** 84,25 kg ≈ 84,3 kg ✔

    b 751,985 kg ≈ 752,**0** kg ✔

7 1 sm = 1,852216 km ✓ ≈ 1,85 km ✓

Hast du's gewusst?

8 a $\dfrac{4}{5} = \dfrac{8}{10} = 0,8$ ✔ b $\dfrac{22}{125} = \dfrac{176}{1\,000} = 0,176$ ✔

c $\dfrac{36}{60} = \dfrac{6}{10} = 0,6$ ✔ d $\dfrac{27}{90} = \dfrac{3}{10} = 0,3$ ✔

9 a $0,2 = \dfrac{2}{10} = \dfrac{1}{5}$ ✔ b $0,088 = \dfrac{88}{1\,000} = \dfrac{11}{125}$ ✔

c $3,72 = 3\dfrac{72}{100} = 3\dfrac{18}{25}$ ✔ d $4,02 = 4\dfrac{2}{100} = 4\dfrac{1}{50}$ ✔

Test 6

Mögliche halbe bzw. ganze Punkte sind durch halbe (✔) bzw. ganze (✔) Häkchen gekennzeichnet.

1

Strecke	Z	E	,	z	h	t	dezimale Schreibweise	
12 km 500 m	**1**	**2**		**5**			**12,5 km**	✔
52 km 579 m	5	2		5	7	9	**52,579 km**	✔
80 km 30 m	**8**	**0**		**0**	**3**		80,03 km	✔
30 km 7 m	3	0		0	0	7	**30,007 km**	✔

2 a 598 mm = **59,8** cm ✔ b 2 dm 4 cm 9 mm = **2,49** dm ✔

c 347 cm = **34,7** dm ✔ d 23,7 dm = **2,37** m ✔

3

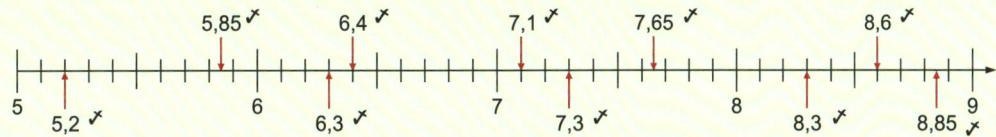

4 $3\dfrac{5}{8} = 3\dfrac{625}{1\,000} = 3,625$ ✔

3,06 kg < 3,6 kg < 3,625 kg ✔

Anja muss am meisten tragen. ✔

5 **a** $5,529 \text{ km} \approx 5,53 \text{ km}$ ✗   **b** $2,799 \text{ km} \approx 2,80 \text{ km}$ ✗

6 **a** $0,0254 \text{ m} = 2,54 \text{ cm} \approx 2,5 \text{ cm}$ ✗

b $0,3048 \text{ m} = 30,48 \text{ cm} \approx 30,5 \text{ cm}$ ✗

c $0,9144 \text{ m} = 91,44 \text{ cm} \approx 91,4 \text{ cm}$ ✗

d $1\,609,344 \text{ m} = 1,609344 \text{ km} \approx 1,6 \text{ km}$ ✗

7 **a** $\dfrac{3}{8} = \dfrac{375}{1\,000} = 0,375$ ✔   **b** $\dfrac{22}{5} = 4\dfrac{2}{5} = 4\dfrac{4}{10} = 4,4$ ✔

8 **a** $0,504 = \dfrac{504}{1\,000} = \dfrac{63}{125}$ ✔   **b** $7,02 = 7\dfrac{2}{100} = 7\dfrac{1}{50}$ ✔

9 **a** $\dfrac{1}{6} = 1:6 = 0,166\ldots = 0,1\overline{6} \approx 0,167$ ✔

$$\begin{array}{r} 10 \\ \underline{6} \\ 40 \\ \underline{36} \\ 40 \end{array}$$

b $\dfrac{7}{11} = 7:11 = 0,6363\ldots = 0,\overline{63} \approx 0,636$ ✔

$$\begin{array}{r} 70 \\ \underline{66} \\ 40 \\ \underline{33} \\ 70 \\ \underline{66} \\ 40 \end{array}$$

c $\dfrac{5}{7} = 5:7 = 0,7142\ldots \approx 0,714$ ✔

$$\begin{array}{r} 50 \\ \underline{49} \\ 10 \\ \underline{7} \\ 30 \\ \underline{28} \\ 20 \end{array}$$

d $\dfrac{4}{13} = 4:13 = 0,3076\ldots \approx 0,308$ ✔

$$\begin{array}{r} 40 \\ \underline{39} \\ 10 \\ \underline{0} \\ 100 \\ \underline{91} \\ 90 \end{array}$$

Mit Dezimalbrüchen rechnen

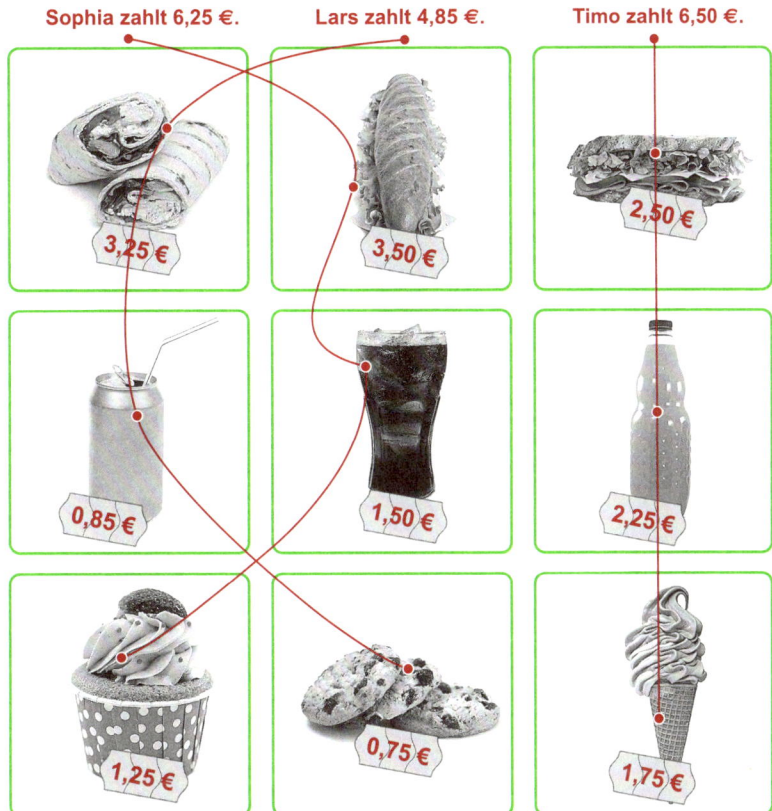

Sophia zahlt 6,25 €. Lars zahlt 4,85 €. Timo zahlt 6,50 €.

3,25 €   3,50 €   2,50 €

0,85 €   1,50 €   2,25 €

1,25 €   0,75 €   1,75 €

147

a
```
   12,23
 + 43,13
 ──────
   55,36
```

b
```
  321,1
 + 46,6
 ──────
  367,7
```

c
```
  19,9
 − 8,3
 ─────
  11,6
```

d
```
  27,63
 − 16,72
 ──────
  10,91
```

148

a
```
   36,254
 + 232,8700
 ─────────
   269,124
```

b
```
    54,14
 + 1 236,60
 ─────────
  1 290,74
```

c
```
  46,392
 − 23,700
 ───────
  22,692
```

d
```
  142,400
 −  77,773
 ────────
   64,627
```

e
```
    4,000
   92,465
 + 93,230
 ───────
  189,695
```

f
```
    2,00
    0,64
  213,90
 + 32,54
 ──────
  249,08
```

Hast du's gewusst?

149

$$+1{,}25 \rightarrow$$

$$-0{,}97 \downarrow$$

12,5	13,75	15,00
11,53	12,78	14,03

150

a
$$
\begin{array}{r}
32{,}98 \\
-\ 3{,}9\textcolor{red}{0} \\
\hline
29{,}08
\end{array}
$$

b
$$
\begin{array}{r}
482{,}43 \\
-\ 12{,}3\textcolor{red}{0} \\
\hline
470{,}13
\end{array}
$$

Michaela hat die Rechenregel „Komma unter Komma" missachtet.

151

$$
\begin{array}{r}
88{,}73 \\
-21{,}34 \\
\hline
67{,}39
\end{array}
\qquad
\begin{array}{r}
45{,}00 \\
-\ 9{,}07 \\
\hline
35{,}93
\end{array}
$$

$$
\begin{array}{r}
21{,}34 \\
+35{,}93 \\
\hline
57{,}27
\end{array}
\qquad
\begin{array}{r}
45{,}00 \\
+\ 57{,}27 \\
\hline
102{,}27
\end{array}
$$

$$
\begin{array}{r}
145{,}00 \\
+102{,}27 \\
\hline
247{,}27
\end{array}
$$

152

a
$$
\begin{array}{r}
0{,}34 \text{ t} \\
+\ 1{,}23 \text{ t} \\
\hline
1{,}57 \text{ t}
\end{array}
$$

b
$$
\begin{array}{r}
1{,}145 \text{ t} \\
3{,}200 \text{ t} \\
+\ 1{,}230 \text{ t} \\
\hline
5{,}575 \text{ t}
\end{array}
$$

c
$$
\begin{array}{r}
1{,}350 \text{ t} \\
+\ 0{,}054 \text{ t} \\
\hline
1{,}404 \text{ t}
\end{array}
$$

d
$$
\begin{array}{r}
0{,}450 \text{ t} \\
1{,}342 \text{ t} \\
+\ 6{,}200 \text{ t} \\
\hline
7{,}992 \text{ t}
\end{array}
$$

153

a 11,0 12,5 14,0 15,5 17,0   Es wurde jeweils 1,5 addiert.

b 11,3 10,9 10,5 10,1 9,7   Es wurde jeweils 0,4 subtrahiert.

154

■ Gesamtpreis:
$$
\begin{array}{r}
1{,}39 \ \text{€} \\
1{,}24 \ \text{€} \\
4{,}20 \ \text{€} \\
1{,}00 \ \text{€} \\
+\ 1{,}79 \ \text{€} \\
\hline
9{,}62 \ \text{€}
\end{array}
$$

Eier:
$$4 \cdot 25 \text{ ct} = 100 \text{ ct} = 1 \ \text{€}$$

■ Wechselgeld:
$$
\begin{array}{r}
10{,}00 \ \text{€} \\
-\ 9{,}62 \ \text{€} \\
\hline
0{,}38 \ \text{€}
\end{array}
$$

Sie bekommt 0,38 € Wechselgeld.

155

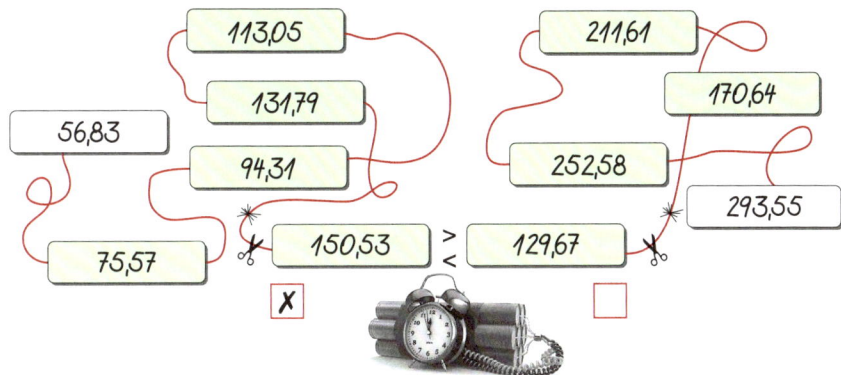

156

$$8,55 \text{ m}$$
$$5,80 \text{ m}$$
$$17,10 \text{ m}$$
$$+ \ \ 3,15 \text{ m}$$
$$\overline{34,60 \text{ m}}$$

$85,5 \text{ dm} = 8,55 \text{ m}$
$580 \text{ cm} = 5,8 \text{ m}$

Herr Gürster benötigt 34,6 m Maschendrahtzaun.

157

a $4,5 + 6,28 - 0,04 = 10,74$

b $26,05 - (12,2 + 0,005) = 26,05 - 12,205 = 13,845$

c $(89,026 - 66,5) - (0,9 + 4,36) = 22,526 - 5,26 = 17,266$

d $(25,4 + 98,56) - (7,569 - 0,2) + 3 = 123,96 - 7,369 + 3 = 119,591$

158

a $0,018 \cdot 10 = 0,18$　　**b** $47,3 \cdot 10 = 473$

c $6,725 \cdot 100 = 672,5$　　**d** $0,0451 \cdot 1\,000 = 45,1$

e $0,439 \cdot 1\,000 = 439$　　**f** $42,4 \cdot 100 = 4\,240$

159

■ kleine Schraube: $1,255 \text{ g} \cdot 1\,000 = 1\,255 \text{ g}$

■ große Schraube: $6,08 \text{ g} \cdot 1\,000 = 6\,080 \text{ g}$

160

a $10\,000 \cdot 0,115 \text{ g} = 1\,150 \text{ g} = 1,15 \text{ kg}$

b $10\,000 \cdot 1,2 \text{ cm} = 12\,000 \text{ cm} = 1\,200 \text{ dm} = 120 \text{ m}$

161

a $21 \cdot 1,61 = 33,81$

$$161 \cdot 21$$
$$\overline{3220}$$
$$+ \ \ \ 161$$
$$\overline{3381}$$

b $3,7 \cdot 152 = 562,4$

$$152 \cdot 37$$
$$\overline{4560}$$
$$+ \ 1064$$
$$\overline{5624}$$

Hast du's gewusst?

c $4,\overset{..}{7} \cdot 2,\overset{..}{4} = 11,\overset{..}{2}\overset{..}{8}$

$47 \cdot 24$
$\overline{940}$
$\underline{+ 188}$
1128

d $22,\overset{..}{5}\overset{..}{4} \cdot 12,\overset{..}{4}\overset{..}{2} = 279,\overset{....}{9468}$

$2254 \cdot 1242$
$\overline{2254000}$
450800
90160
$\underline{+ 4508}$
2799468

e $6,\overset{..}{9}\overset{..}{8} \cdot 9,\overset{..}{4} = 65,\overset{...}{612}$

$698 \cdot 94$
$\overline{62820}$
$\underline{+ 2792}$
65612

f $5,\overset{..}{2}\overset{..}{3} \cdot 5,\overset{..}{3}\overset{..}{2} = 27,\overset{....}{8236}$

$523 \cdot 532$
$\overline{261500}$
15690
$\underline{+ 1046}$
278236

162 **a** $73,\overset{..}{2}\overset{.}{1} \cdot 32 = 2\,342,\overset{..}{7}\overset{.}{2}$　　**b** $678,\overset{.}{7} \cdot 765 = 519\,205,\overset{.}{5}$

c $1,\overset{..}{6}\overset{.}{5} \cdot 3 = 4,\overset{..}{9}\overset{.}{5}$　　**d** $0,\overset{...}{767} \cdot 81 = 62,\overset{...}{127}$

e $12 \cdot 0,\overset{..}{8}\overset{.}{5} = 10,\overset{..}{2}\overset{.}{0}$　　**f** $610 \cdot 2,\overset{..}{4}\overset{.}{4} = 1\,488,\overset{..}{4}\overset{.}{0}$

163

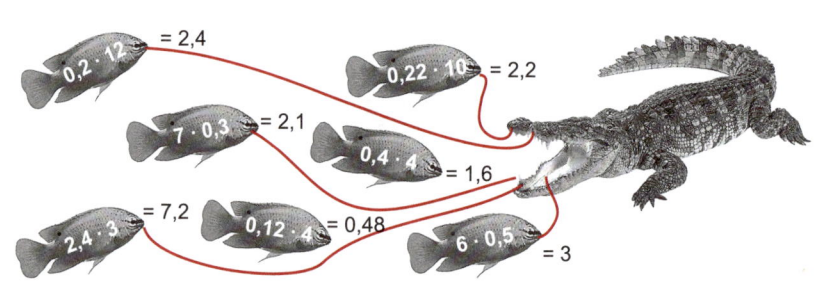

$0,2 \cdot 12 = 2,4$
$0,22 \cdot 10 = 2,2$
$7 \cdot 0,3 = 2,1$
$0,4 \cdot 4 = 1,6$
$2,4 \cdot 3 = 7,2$
$0,12 \cdot 4 = 0,48$
$6 \cdot 0,5 = 3$

164

·	5	34	6,9
1,3	6,5	44,2	8,97
7,4	37	251,6	51,06
10,05	50,25	341,7	69,345

165 **a** $0,25 \cdot 0,04 = 0,01$　　**b** $0,015 \cdot 0,04 = 0,0006$

c $0,07 \cdot 0,12 = 0,0084$　　**d** $0,11 \cdot 0,11 = 0,0121$

e $3,5 \cdot 0,009 = 0,0315$　　**f** $0,03 \cdot 3,3 = 0,099$

166 ■ 4 DVDs, 2 Tage:
Leihgebühren für 2 Tage:　$2,30\ € + 3,40\ € = 5,70\ €$
Leihgebühren für 4 DVDs:　$5,70\ € \cdot 4 = 22,80\ €$

■ 3 DVDs, 3 Tage:
Leihgebühren für 3 Tage: 2,30 € + 3,40 € + 1,50 € = 7,20 €
Leihgebühren für 3 DVDs: 7,20 € · 3 = 21,60 €

■ gesamte Leihgebühr: 22,80 €
+ 21,60 €
44,40 €

Justus muss 44,40 € bezahlen.

167 ■ Fläche eines Brettchens: 26,5 cm · 34,5 cm = 914,25 cm^2 Achte auf die Einheiten.

$$\begin{array}{r} 265 \cdot 345 \\ \hline 79500 \\ 10600 \\ +\ \ \ 1325 \\ \hline 91425 \end{array}$$

■ Fläche von 27 Brettchen: 914,25 cm^2 · 27 = 24 684,75 cm^2 = 2,468475 m^2 ≈ 2,5 m^2

$$\begin{array}{r} 91425 \cdot 27 \\ \hline 1828500 \\ +\ 639975 \\ \hline 2468475 \end{array}$$

■ Preis für das Sperrholz: 42,79 € · 2,5 = 106,975 € ≈ 106,98 €

$$\begin{array}{r} 4279 \cdot 25 \\ \hline 85580 \\ +\ 21395 \\ \hline 106975 \end{array}$$

■ Kosten für den Zuschnitt: 27 · 0,50 € = 13,50 €   50 ct = 0,50 €

■ Gesamtkosten: 106,98 €
+ 13,50 €
120,48 €

Die 27 Sperrholzbrettchen kommen auf ca. 120 €.

168 a 63,2 : 10 = 6,32   b 41,1 : 100 = 0,411
c 127,9 : 1 000 = 0,1279   d 0,075 : 10 = 0,0075

169 a 100 ℓ: 827 kg : 10 = 82,7 kg
10 ℓ: 827 kg : 100 = 8,27 kg
1 ℓ: 827 kg : 1 000 = 0,827 kg

b 100 ℓ: 957,50 € : 10 = 95,75 €
10 ℓ: 957,50 € : 100 = 9,575 € ≈ 9,58 €
1 ℓ: 957,50 € : 1 000 = 0,9575 € ≈ 0,96 €

170 ■ Briefumschläge: 42,80 € : 1 000 = 0,0428 € ≈ 0,04 €

■ Hefte: 3,40 € : 10 = 0,34 €

■ Schnellhefter: 57,10 € : 100 = 0,571 € ≈ 0,57 €

Hast du's gewusst?

171 a $\quad 54:9=6$
$\quad\quad 5,4:9=0,6$
$\quad\quad 0,54:9=0,06$

b $\quad 72:8=9$
$\quad\quad 7,2:8=0,9$
$\quad\quad 0,72:8=0,09$

c $\quad 48:12=4$
$\quad\quad 4,8:12=0,4$
$\quad\quad 0,48:12=0,04$

d $\quad 96:8=12$
$\quad\quad 9,6:8=1,2$
$\quad\quad 0,96:8=0,12$

172 a $\quad \overgroup{57},6:8=7,2$
$\quad -56$
$\quad\quad \overline{16}$
$\quad\quad -16$
$\quad\quad \overline{0}$

b $\quad \overgroup{23},4:6=3,9$
$\quad -18$
$\quad\quad \overline{54}$
$\quad\quad -54$
$\quad\quad \overline{0}$

c $\quad \overgroup{3},91:23=0,17$
$\quad -23$
$\quad\quad \overline{161}$
$\quad\quad -161$
$\quad\quad \overline{0}$

d $\quad \overgroup{16},12:31=0,52$
$\quad -155$
$\quad\quad \overline{62}$
$\quad\quad -62$
$\quad\quad \overline{0}$

e $\quad \overgroup{1},17:12=0,0975$
$\quad -108$
$\quad\quad \overline{90}$
$\quad\quad -84$
$\quad\quad \overline{60}$
$\quad\quad -60$
$\quad\quad \overline{0}$

f $\quad \overgroup{58},5:13=4,5$
$\quad -52$
$\quad\quad \overline{65}$
$\quad\quad -65$
$\quad\quad \overline{0}$

g $\quad 9,684:5=1,9368$
$\quad -5$
$\quad\quad \overline{46}$
$\quad\quad -45$
$\quad\quad \overline{18}$
$\quad\quad -15$
$\quad\quad \overline{34}$
$\quad\quad -30$
$\quad\quad \overline{40}$
$\quad\quad -40$
$\quad\quad \overline{0}$

h $\quad \overgroup{46},026:9=5,114$
$\quad -45$
$\quad\quad \overline{10}$
$\quad\quad -9$
$\quad\quad \overline{12}$
$\quad\quad -9$
$\quad\quad \overline{36}$
$\quad\quad -36$
$\quad\quad \overline{0}$

173 a $\overgroup{54},72:12=4,56$

b $\overgroup{665},28:72=9,24$

c $\overgroup{3},496:4=0,874$

d $\overgroup{83},42:86=0,97$

174 ■ Eis: $\quad 9,60\,€:8=1,20\,€$
$\quad\quad -8$
$\quad\quad \overline{16}$
$\quad\quad -16$
$\quad\quad \overline{0}$

Hast du's gewusst?

■ Eier: $\overset{\frown}{6,6}0\,€ : 30 = 0,22\,€$
　　　　$\underline{-\,60}$
　　　　　60
　　　　$\underline{-\,60}$
　　　　　0

■ Wasserflaschen: $\overset{\frown}{5,4}0\,€ : 12 = 0,45\,€$
　　　　　　　$\underline{-\,48}$
　　　　　　　　60
　　　　　　　$\underline{-\,60}$
　　　　　　　　0

175　■ 2-kg-Flasche: $4,97\,€ : 2 = 2,485\,€ \approx 2,49\,€$
　　　　　　$\underline{-\,4}$
　　　　　　　09
　　　　　　$\underline{-\ 8}$
　　　　　　　17
　　　　　　　$\underline{-\,16}$
　　　　　　　　10
　　　　　　　$\underline{-\,10}$
　　　　　　　　0

■ 3-kg-Packung: $7,09\,€ : 3 = 2,363\ldots\,€ \approx 2,36\,€$
　　　　　　$\underline{-\,6}$
　　　　　　　10
　　　　　　$\underline{-\ 9}$
　　　　　　　19
　　　　　　　$\underline{-\,18}$
　　　　　　　　10

■ 5-kg-Packung: $\overset{\frown}{11},97\,€ : 5 = 2,394\,€ \approx 2,39\,€$
　　　　　　$\underline{-\,10}$
　　　　　　　19
　　　　　　$\underline{-\,15}$
　　　　　　　47
　　　　　　　$\underline{-\,45}$
　　　　　　　　20
　　　　　　　$\underline{-\,20}$
　　　　　　　　0

Bei der 3-kg-Packung bekommt man den günstigsten Kilopreis.

176　a　$2,4 : 0,6 = 24 : 6 = 4$　　　　b　$6,3 : 0,9 = 63 : 9 = 7$

　　c　$39 : 1,3 = 390 : 13 = 30$　　　d　$96 : 4,8 = 960 : 48 = 20$

　　e　$0,36 : 1,2 = 3,6 : 12 = 0,3$　　f　$0,75 : 1,5 = 7,5 : 15 = 0,5$

177

a $3,9 : 1,5 =$

$$\overset{\frown}{39} : 15 = 2,6$$
$$-\ 30$$
$$90$$
$$-\ 90$$
$$0$$

b $10,32 : 2,4 =$

$$\overset{\frown}{103},2 : 24 = 4,3$$
$$-\ 96$$
$$72$$
$$-\ 72$$
$$0$$

c $8,41 : 0,58 =$

$$\overset{\frown}{841} : 58 = 14,5$$
$$-\ 58$$
$$261$$
$$-\ 232$$
$$290$$
$$-\ 290$$
$$0$$

d $38,16 : 5,3 =$

$$\overset{\frown}{381},6 : 53 = 7,2$$
$$-\ 371$$
$$106$$
$$-\ 106$$
$$0$$

e $25,2 : 0,18 =$

$$\overset{\frown}{25\,2}0 : 18 = 140$$
$$-\ 18$$
$$72$$
$$-\ 72$$
$$0$$

f $7\,667,7 : 1,83 =$

$$\overset{\frown}{766\,77}0 : 183 = 4\,190$$
$$-\ 732$$
$$347$$
$$-\ 183$$
$$1647$$
$$-\ 1647$$
$$0$$

178

a $0,4 \cdot \mathbf{0,7} = 0,28$

$0,28 : 0,4 =$

$$\overset{\frown}{2,8} : 4 = 0,7$$
$$-\ 28$$
$$0$$

b $\mathbf{0,2} \cdot 7,5 = 1,5$

$1,5 : 7,5 =$

$$\overset{\frown}{15} : 75 = 0,2$$
$$150$$
$$-150$$
$$0$$

c $\mathbf{0,3} \cdot 5,2 = 1,56$

$1,56 : 5,2 =$

$$\overset{\frown}{15,6} : 52 = 0,3$$
$$-156$$
$$0$$

d $2,5 \cdot \mathbf{0,4} = 1$

$1 : 2,5 =$

$$\overset{\frown}{10} : 25 = 0,4$$
$$100$$
$$-\ 100$$
$$0$$

179

■ Erdbeeren: $3,75\ € : 0,75 = 5,00\ €$

$$375 : 75 = 5$$
$$-\ 375$$
$$0$$

■ Pflaumen: $5,75\ € : 2,3 = 2,50\ €$

$$\overset{\frown}{57},5 : 23 = 2,5$$
$$-\ 46$$
$$115$$
$$-\ 115$$
$$0$$

Hast du's gewusst?

■ Bananen: $2,26 \, € : 1,75 \approx 1,29 \, €$

$$\overparen{226} : 175 = 1,291\ldots \approx 1,29$$
$$\underline{-175}$$
$$510$$
$$\underline{-350}$$
$$1600$$
$$\underline{-1575}$$
$$250$$

180 **a** $127,65 : 0,69$

$$\overparen{127}65 : 69 = 185$$
$$\underline{-69}$$
$$586$$
$$\underline{-552}$$
$$345$$
$$\underline{-345}$$
$$0$$

Er hat 185 kg Pfirsiche gekauft.

b $\dfrac{1}{10}$ von $185 \, \text{kg} = 185 \, \text{kg} : 10 = 18,5 \, \text{kg}$

Es verderben 18,5 kg Pfirsiche.

c ■ Verkaufspreis: $127,65 \, €$
$$\underline{+\,135,12 \, €}$$
$$262,77 \, €$$

■ restliche Pfirsiche: $185 \, \text{kg} - 18,5 \, \text{kg} = 166,5 \, \text{kg}$

■ Verkaufspreis pro Kilo: $262,77 \, € : 166,5 \approx 1,58 \, €$

$$\overparen{2627},7 : 1665 = 1,578 \approx 1,58$$
$$\underline{-1665}$$
$$9627$$
$$\underline{-8325}$$
$$13020$$
$$\underline{-11655}$$
$$13650$$

Der Obsthändler hat 1 kg für 1,58 € verkauft.

181 **a** ■ Fläche des Wohnzimmers: $4,\overset{\cdot\cdot}{35} \, \text{m} \cdot 6,\overset{\cdot}{2} \, \text{m} = 26,\overset{\cdot\cdot\cdot}{970} \, \text{m}^2 = 2\,697 \, \text{dm}^2$

$$435 \cdot 62$$
$$\overline{26100}$$
$$\underline{+870}$$
$$26970$$

■ Fläche einer Korkfliese: $30 \, \text{cm} \cdot 30 \, \text{cm} = 900 \, \text{cm}^2 = 9 \, \text{dm}^2$

■ Anzahl der Korkfliesen:

$\overset{\frown}{26}97 \ dm^2 : 9 \ dm^2 = 299,6\ldots \approx 300$

$$
\begin{array}{r}
\underline{-18} \\
89 \\
\underline{-81} \\
87 \\
\underline{-81} \\
60
\end{array}
$$

Frau Bloner muss mindestens 300 Korkfliesen kaufen.

b $26,\overset{..}{9}7 \cdot 350 \ g = 9439,\overset{..}{5}0 \ g = 9,4395 \ kg \approx 9,44 \ kg$

$$
\begin{array}{r}
2697 \cdot 350 \\
\hline
809100 \\
\underline{+ \ 134850} \\
943950
\end{array}
$$

Frau Bloner benötigt 9,44 kg Korkkleber.

c ■ 2-kg-Packung: $\overset{\frown}{19},95 \ € : 2 = 9,975 \ € \approx 9,98 \ €$

$$
\begin{array}{r}
\underline{-18} \\
19 \\
\underline{-18} \\
15 \\
\underline{-14} \\
10
\end{array}
$$

■ 3,5-kg-Packung: $34,95 \ € : 3,5 \approx 9,99 \ €$

$\overset{\frown}{349},5 : 35 = 9,985\ldots \approx 9,99$

$$
\begin{array}{r}
\underline{-315} \\
345 \\
\underline{-315} \\
300 \\
\underline{-280} \\
200
\end{array}
$$

Beim 2-kg-Eimer zahlt man pro kg etwas weniger.

182 **a**
$$
\begin{array}{r}
0,25 \\
\underline{+1,40} \\
1,65
\end{array}
$$

b
$$
\begin{array}{r}
2,97 \\
\underline{-1,80} \\
1,17
\end{array}
$$

c $0,4\overset{..}{2} \cdot 1,8\overset{..}{9} = 0,79\overset{....}{38}$

$$
\begin{array}{r}
189 \cdot 42 \\
\hline
7560 \\
\underline{+ \ \ \ 378} \\
7938
\end{array}
$$

d $12,46 : 0,14 =$

$\overset{\frown}{1246} : 14 = 89$

$$
\begin{array}{r}
\underline{-112} \\
126 \\
\underline{-126} \\
0
\end{array}
$$

e
$$
\begin{array}{r}
5,41 \\
\underline{-0,93} \\
4,48
\end{array}
$$

f $0,0\overset{..}{4} \cdot 0,1\overset{..}{2} = 0,00\overset{....}{48}$

183 **a** $4,8 + (1,35 + 9,27) = 4,8 + 10,62 = 15,42$

b $(15,8-0,08)+5,3\cdot1,4=15,72+7,42=23,14$ Setze Klammern.

c $29,4:14+1,56=2,1+1,56=3,66$

d $\left(\dfrac{4}{10}+\dfrac{6}{100}\right)-0,45=(0,4+0,06)-0,45=0,46-0,45=0,01$

184 $\dfrac{3}{4}+\boxed{}-\dfrac{1}{4}=1$

$\boxed{}=1-\dfrac{3}{4}+\dfrac{1}{4}=\dfrac{2}{4}=\dfrac{1}{2}=0,5$

$\boxed{}+1\dfrac{5}{6}+3,5=6\dfrac{1}{6}$

$\boxed{}=6\dfrac{1}{6}-1\dfrac{5}{6}-3,5=6\dfrac{1}{6}-1\dfrac{5}{6}-3\dfrac{3}{6}$

$=2\dfrac{1}{6}-\dfrac{5}{6}-\dfrac{3}{6}=\dfrac{13}{6}-\dfrac{5}{6}-\dfrac{3}{6}=\dfrac{5}{6}$

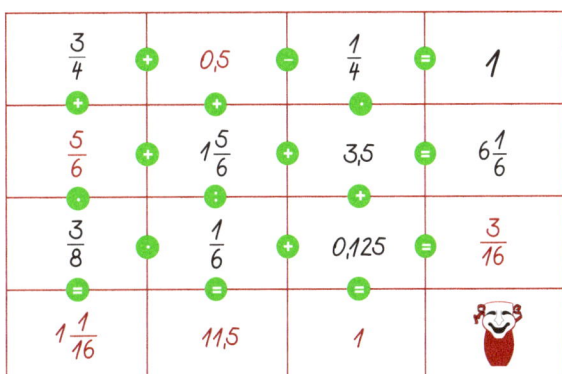

$\dfrac{3}{8}\cdot\dfrac{1}{6}+0,125=\dfrac{\cancel{3}^{1}\cdot1}{8\cdot\cancel{6}_{2}}+\dfrac{1}{8}=\dfrac{1}{16}+\dfrac{2}{16}=\dfrac{3}{16}$

$\dfrac{3}{4}+\dfrac{5}{6}\cdot\dfrac{3}{8}=\dfrac{3}{4}+\dfrac{5\cdot\cancel{3}^{1}}{\cancel{6}_{2}\cdot8}=\dfrac{3}{4}+\dfrac{5}{16}=\dfrac{12}{16}+\dfrac{5}{16}=\dfrac{17}{16}=1\dfrac{1}{16}$

$0,5+1\dfrac{5}{6}:\dfrac{1}{6}=0,5+\dfrac{11\cdot\cancel{6}^{1}}{\cancel{6}_{1}\cdot1}=0,5+11=11,5$

$\dfrac{1}{4}\cdot3,5+0,125=\dfrac{1}{4}\cdot\dfrac{7}{2}+0,125=\dfrac{7}{8}+\dfrac{1}{8}=1$

185   **a** $1,26\cdot4+4:0,25=5,04+16=21,04$

b $(0,08+4,2)\cdot3,4=4,28\cdot3,4=14,552$

c $\dfrac{1}{4}+0,5-\dfrac{3}{8}=0,25+0,5-0,375=0,375=\dfrac{3}{8}$

d $5,4:\left(\dfrac{2}{5}+0,2\right)=5,4:(0,4+0,2)=5,4:0,6=9$

e $\dfrac{3}{4}+0,875+\dfrac{1}{2}-0,75-\dfrac{3}{8}=\dfrac{3}{4}+\dfrac{7}{8}-\dfrac{4}{8}-\dfrac{3}{4}-\dfrac{3}{8}=0$

f $(6,46+1,74):\left(\dfrac{3}{4}-\dfrac{5}{8}\right)=8,2:\left(\dfrac{6}{8}-\dfrac{5}{8}\right)=8,2:\dfrac{1}{8}=8,2\cdot\dfrac{8}{1}=65,6$

g $(0,78+1,42):\left(\dfrac{1}{4}-0,239\right)=2,2:(0,25-0,239)=2,2:0,011=200$

h $(0,1-0,09)\cdot\left(25:\dfrac{1}{4}\right)=0,01\cdot\left(25\cdot\dfrac{4}{1}\right)=0,01\cdot100=1$

Hast du's gewusst?

Test 7

Mögliche halbe bzw. ganze Punkte sind durch halbe ($^{✗}$) bzw. ganze ($^{✓}$) Häkchen gekennzeichnet.

1

a
$$\begin{array}{r} 52,050 \ ^✓ \\ +\ 12,328 \\ \hline 64,378 \end{array}$$

b
$$\begin{array}{r} 129,502 \ ^✓ \\ -\ 23,740 \\ \hline 105,762 \end{array}$$

c
$$\begin{array}{r} 22,021 \ ^✓ \\ -\ 3,250 \\ \hline 18,771 \end{array}$$

d
$$\begin{array}{r} 20,968 \ ^✓ \\ +\ 3,400 \\ \hline 24,368 \end{array} \qquad \begin{array}{r} 24,368 \ ^✓ \\ -\ 2,090 \\ \hline 22,278 \end{array}$$

2

2,84 mg · 100 = 284 mg $^✗$ = 0,284 g $^✗$

Struppi wird durch die Flöhe 0,284 g schwerer.

3

a $13,48 · 71,2 = 959,776$ $^✗$

b $2,81 · 34,25 = 96,2425$ $^✗$

4

a $3,05 · 0,6 = 1,83$ $^✗$
$$\begin{array}{r} 305 · 6 \ ^✗ \\ \hline 1830 \end{array}$$

b $22,56 · 0,082 = 1,84992$ $^✓$
$$\begin{array}{r} 2256 · 82 \ ^✓ \\ \hline 180480 \\ +\ \ \ 4512 \\ \hline 184992 \end{array}$$

5

a
$$\begin{array}{l} 14,61 : 3 = 4,87 \ ^✓ \\ -12 \\ \hline \ \ 26 \\ -24 \\ \hline \ \ \ 21 \\ -\ 21 \\ \hline \ \ \ \ \ 0 \end{array}$$

b
$$\begin{array}{l} 98,76 : 8 = 12,345 \ ^✓ \\ -8 \\ \hline 18 \\ -16 \\ \hline \ \ 27 \\ -24 \\ \hline \ \ \ 36 \\ -32 \\ \hline \ \ \ \ 40 \\ -40 \\ \hline \ \ \ \ \ 0 \end{array}$$

6

■ Preis Karotten: $225 · 0,63$ € $= 141,75$ € $^✗$
$$\begin{array}{r} 225 · 63 \ ^✓ \\ \hline 13500 \\ +\ \ \ 675 \\ \hline 14175 \end{array}$$

■ Preis Karotten und Grünkohl:
$$\begin{array}{r} 141,75 € \ ^✗ \\ +\ 133,44 € \\ \hline 275,19 € \end{array}$$

■ Preis Kartoffeln: 404,69 €   ✗

$$\begin{array}{r} 404,69\ \text{€} \\ -\ 275,19\ \text{€} \\ \hline 129,50\ \text{€} \end{array}$$

■ Preis pro Sack Kartoffeln: $\overset{\frown}{129},5:14=9,25$ ✓

$$\begin{array}{r} -126 \\ \hline 35 \\ -\ 28 \\ \hline 70 \\ -\ 70 \\ \hline 0 \end{array}$$

Der Gemüsehändler zahlt für einen Sack Kartoffeln 9,25 €. ✗

7 $52,32:(6,52+5,48)-0,026=52,32:12$ ✗ $-0,026=4,36$ ✗ $-0,026=4,334$ ✓

$$\begin{array}{r} \overset{\frown}{52},32:12=4,36 \\ -48 \\ \hline 43 \\ -36 \\ \hline 72 \\ -72 \\ \hline 0 \end{array}$$

Test 8

Mögliche halbe bzw. ganze Punkte sind durch halbe (✗) bzw. ganze (✓) Häkchen
gekennzeichnet.

1   **a**
$$\begin{array}{r} 78,93\mathbf{0}\ \text{✓} \\ +\ 35,402 \\ \hline 114,332 \end{array}$$

  b
$$\begin{array}{r} 100,01\ \text{✓} \\ -\ \ 30,1\mathbf{0} \\ \hline 69,91 \end{array}$$

2   **a** $0,\overset{\cdot\cdot}{6}\overset{\cdot\cdot}{5}\cdot3,\overset{\cdot\cdot}{3}\overset{\cdot\cdot}{3}=2,\overset{\cdot\cdot\cdot\cdot}{1645}$ ✓

$$\begin{array}{r} 333\cdot65\ \text{✓} \\ \hline 19980 \\ +\ 1665 \\ \hline 21645 \end{array}$$

  b $21,\overset{\cdot\cdot}{5}\cdot0,\overset{\cdot\cdot\cdot}{078}=1,\overset{\cdot\cdot\cdot\cdot}{6770}$ ✓

$$\begin{array}{r} 215\cdot78\ \text{✓} \\ \hline 15050 \\ +\ 1720 \\ \hline 16770 \end{array}$$

3 $3,8\ \text{t}:10\ 000=0,00038\ \text{t}$ ✗ $=0,38\ \text{kg}=380\ \text{g}$ ✗

4   **a** $\overset{\frown}{37,05} : 6 = 6,175$ ✓

$$\begin{array}{r} -36 \\ \hline 10 \\ -\ 6 \\ \hline 45 \\ -42 \\ \hline 30 \\ -30 \\ \hline 0 \end{array}$$

b $0,1258 : 3,7 =$

$\overset{\frown}{1,258} : 37 = 0,034$ ✓

$$\begin{array}{r} -111 \\ \hline 148 \\ -148 \\ \hline 0 \end{array}$$

5   **a** $4,45\ \text{€}$ ✗

$$\begin{array}{r} -2,56\ \text{€} \\ \hline 1,89\ \text{€} \end{array}$$

Die Wassermelone kostet 1,89 €. ✗

b $2,56\ \text{€} : 2,24 \approx 1,14\ \text{€}$ ✗

$\overset{\frown}{256} : 224 = 1,142\ldots$ ✓

$$\begin{array}{r} -224 \\ \hline 320 \\ -224 \\ \hline 960 \\ -896 \\ \hline 640 \end{array}$$

1 kg der Äpfel kostet 1,14 €. ✗

c $900\ \text{g} = 0,9\ \text{kg}$ ✗

$1,\overset{\cdot\cdot}{14}\ \text{€} \cdot 0,\overset{\cdot}{9} = 1,0\overset{\cdot\cdot}{26}\ \text{€} \approx 1,03\ \text{€}$ ✗

$$\frac{114 \cdot 9}{1026}$$ ✗

900 g Äpfel kosten 1,03 €. ✗

6   **a** $5\frac{3}{4} - (3,52 + 1,9) = 5,75^{✗} - 5,42^{✗} = 0,33$ ✗

b $\dfrac{7}{12} + 0,5 : 0,3 = \dfrac{7}{12} + \dfrac{1}{2} : \dfrac{3}{10}^{✗} = \dfrac{7}{12} + \dfrac{1 \cdot \overset{5}{10}}{\underset{1}{2} \cdot 3} = \dfrac{7}{12} + \dfrac{5}{3}^{✗} = \dfrac{7}{12} + \dfrac{20}{12}^{✗}$

$\qquad = \dfrac{27}{12}^{✗} = 2\dfrac{3}{12} = 2\dfrac{1}{4}^{✗}\ \left(= 2,25^{✗} \right)$

Ihre Meinung ist uns wichtig!

Ihre Anregungen sind uns immer willkommen. Bitte informieren Sie uns mit diesem Schein über Ihre Verbesserungsvorschläge!

Titel-Nr.	Seite	Vorschlag

Lernen ▪ Wissen ▪ Zukunft

Zutreffendes bitte ankreuzen!
Die Absenderin/der Absender ist:

☐ Lehrer/in in den Klassenstufen:
_____

☐ Fachbetreuer/in
Fächer: _____

☐ Seminarlehrer/in
Fächer: _____

☐ Regierungsfachberater/in
Fächer: _____

☐ Oberstufenbetreuer/in

☐ Schulleiter/in

☐ Referendar/in, Termin 2. Staats-
examen: _____

☐ Leiter/in Lehrerbibliothek

☐ Leiter/in Schülerbibliothek

☐ Sekretariat

☐ Eltern

☐ Schüler/in, Klasse: _____

☐ Sonstiges: _____

Unterrichtsfächer: (Bei Lehrkräften!)

_____

Kennen Sie Ihre Kundennummer?
Bitte hier eintragen. ☐☐☐☐☐☐☐

Absender (Bitte in Druckbuchstaben!)

Name/Vorname

Straße/Nr.

PLZ/Ort/Ortsteil

Telefon privat   Geburtsjahr

E-Mail

Schule/Schulstempel (Bitte immer angeben!)

STARK Verlag
Postfach 1852
85318 Freising

Bitte ausfüllen und im frankierten Umschlag an uns einsenden. Für Fensterkuverts geeignet.

Erfolgreich durch alle Klassen mit den STARK-Reihen

Abschlussprüfung

Anhand von Original-Aufgaben die Prüfungssituation trainieren. Schülergerechte Lösungen helfen bei der Leistungskontrolle.

Training

Unterrichtsrelevantes Wissen schülergerecht präsentiert. Übungsaufgaben mit Lösungen sichern den Lernerfolg.

Klassenarbeiten

Praxisnahe Übungen für eine gezielte Vorbereitung auf Klassenarbeiten.

STARK in Klassenarbeiten

Schülergerechtes Training wichtiger Themenbereiche für mehr Lernerfolg und bessere Noten.

Kompakt-Wissen

Kompakte Darstellung des prüfungsrelevanten Wissens zum schnellen Nachschlagen und Wiederholen.

(Bitte blättern Sie um)